拨开心里的那朵云

女性心理减压知识手册

stress relief

宋家玉◎著

中国工人出版社

图书在版编目（CIP）数据

拨开心里的那朵云：女性心理减压知识手册 / 宋家玉著. —北京：中国工人出版社，2015.12

ISBN 978-7-5008-6311-3

Ⅰ.①拨… Ⅱ.①宋… Ⅲ.①女性—心理压力—心理调节—通俗读物 Ⅳ.①B842.6-49

中国版本图书馆CIP数据核字（2015）第303544号

拨开心里的那朵云：女性心理减压知识手册

出 版 人 芮宗金
责任编辑 李 丹
责任校对 赵贵芬
责任印制 栾征宇
出版发行 中国工人出版社
地　　址 北京市东城区鼓楼外大街45号 邮编：100120
网　　址 http://www.wp-china.com
电　　话 （010）62350006（总编室） （010）62005039（出版物流部）
（010）62382916（职工教育分社）
发行热线 （010）62005996 （010）82075964（传真）
经　　销 各地书店
印　　刷 宝蕾元仁浩（天津）印刷有限公司
开　　本 710毫米×1000毫米 1/16
印　　张 10.5
字　　数 146千字
版　　次 2016年1月第1版 2024年3月第8次印刷
定　　价 28.00元

自序

当今社会，身受各种心理问题困扰的人大有人在。作为女性，除了和男性一样承受着来自社会、职场、家庭等方方面面的压力之外，还要更多地承受孕育、生产、情感困惑和安全感缺失等男性无法体会的另外一些压力，这些压力汇总起来，强烈地压迫着女性的身心。

众所周知，女性到了 40 岁以后易患更年期综合征，人们或许认为女性就应该经历这个过程，而男性无缘这种痛楚。更年期综合征是女性的专属吗？学界给出的答案是否定的。实际上，更年期综合征与生理属性无关，是长期的心理等因素影响导致内分泌失调，进而造成新陈代谢功能的紊乱。

男性很少发生更年期综合征，抑或症状很不明显，这是因为他们可以通过聚会、聊天、喝酒、郊游、运动，甚至不负责任的情感外泄，将压力排放释怀。相比之下，女性很难如此“潇洒”，各种困顿和疑惑、情感的纠结和背叛等压力，长期重重地压在她们的心头，且久久不能释怀。长此以往，女性的心理就会出现一系列的变化甚至障碍，一旦年龄和生理到了关键转折期的时候，一系列身心反应就会集中显现，这就是所谓女性特有的更年期综合征。可见，女性的心理健康维护是多么的重要。

很多婚姻遇到问题的女性，很少愿意向别人倾诉自己的隐私，也很少愿意向专业咨询机构寻求帮助。同样，对于各类心理困惑、心理压力、心理问题，多数女性也是选择隐忍痛苦。这种做法是可以理解的，但不倾诉、不求助就无法真正解决烦恼。有些问题可以通过时间慢慢消化，有些问题则可能越拖越严重，甚至带来无法挽回的损失。

在这本书里，我把自己 20 多年来在婚姻、人格、心理等方面的教学经验及大量的咨询案例整理出来，梳理一些可以借鉴的减轻心理压力、排解心理困惑的方法，希望能对大家有所帮助。因能力和水平所限，书中不当之处在所难免，请读者朋友批评指正。

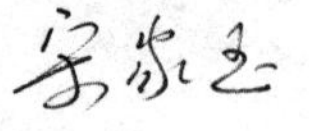

目 CONTENTS 录

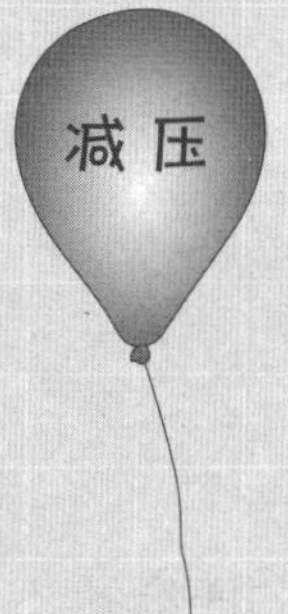

第一课 认识女性心理压力

你是不是这样的女子？

1. 食欲下降，睡眠不好，月经紊乱，脸色暗淡。
2. 本来性格脾气很好，现在很差，动辄发怒发火。
3. 不愿跟人交往，不愿参加社交活动。
4. 原本心地善良，包容心很强，现在谁都不想原谅。
5. 对什么都提不起兴趣，生活索然无味。
6. 懒惰、涣散，连卫生都懒得打扫。
7. 总是把时间安排得很紧张，一会儿都不想闲着。
8. 注意力集中不起来，总是喜欢胡思乱想。
9. 遇到困难就回避，总是逃避问题。
10. 原本很坚强，现在很脆弱，遇事深感无助和悲伤。
11. 总是忘不了过往的伤害和打击，且沉浸其中不能自拔。
12. 有悲观厌世情绪，对生活无望。
13. 疑心重，对人和事物过分敏感，总怀疑别人的动机。
14. 过分表现自我，希望引起别人的注意和重视。
15. 看问题偏激，只接受赞美，不接受批评。

有以上感受或症状的女性，你已经有了心理压力！千万不可掉以轻心，应该引起足够的重视，防止心理压力转为心理问题，进而产生心理障碍。

现代社会，学生喊减负，成年人喊减压，很多人都被种种压力压得喘不过气来。其实，压力不是别人给的，多半是自己主动捡来的。欲望越多，往往压力也越大，两者成正比关系。人们在伸手撷取利益的时候，从来不考虑会有额外的压力出现，结果往往是利益还没得到，就先在不知不觉中被压力累倒或拖垮。

相比起来，女性所面临的压力一点儿不比男性少，甚至会更多、更大。现代职业女性要兼顾工作与家庭双重重担，往往忽视自身的健康问题，尤其是不懂得发现、调节自身压力，导致在职场和家庭都不堪重负。

你要警惕！女性心理压力是什么？

心理压力又称心理紧张或心理应激，是机体在内外环境作用下，因客体要求与主体应付能力的不平衡所产生的一种适应环境的紧张状态。在工作和生活中，如果女性的主体应付能力与环境的客体要求不平衡，就容易形成心理压力。

1. 兼有正负向效应

压力不完全是负面的，有时它也会产生正向效应，所谓“井无压力不出油，人无压力轻飘飘”说的就是这个意思。人没有压力，就不会产生动力；没有动力，就很难做好事情。比如，职场女性是需要有些压力的，否则人将会松弛懈怠，不求上进，做事得过且过，敷衍了事，工作肯定出不了成绩。

但是，什么时候会产生正向效应，什么时候会产生负向效应，对什么样的人容易产生正向效应，对什么样的人容易产生负向效应，这是很复杂的问题。有的女性越有压力，越是干劲十足，有的女性却被压力压垮了。

罗丁就是被压力压垮的其中一个。她的父亲给她起这个名字很有意思，就是“螺钉”的谐音，既不张扬又很斯文，朗朗上口挺好记的。但罗丁不喜欢，她觉得正是因为这名字起得太过小气，才导致了她整个人生的不大气。

罗丁今年39岁，从事过餐饮服务、装饰工程、影视制作等行业，工作经历非常丰富。然而，最近罗丁和丈夫办理了离婚手续，孩子跟了丈夫。由于心情不好，压力过大，她就把工作辞了，专心在家静养。

有的女性在工作中对自己要求过高过严，过分担心自己的工作出现问题，害怕掉队，害怕被别人赶超，尤其在男性占职场强势的压力下，不敢有一丝一毫的松懈和马虎，决不允许自己的工作出现半点差距或差错，结果因压力过大出现了情绪紧张、处事过分谨慎、行为偏执极端的焦虑心境；有的女性因职场就业、孩子上学、家庭关系、夫妻感情、家务生活等的交互作用，产生了易动怒发火，甚至无缘由的伤心愤怒等综合性压力反应；还有的女性因遭到情感方面的打击或伤害，出现了高强度的情绪情感反应，如不思茶饭、郁郁寡欢、整日哭泣、精神萎靡，对婚姻不再抱有希望，对男人不再信任，其精神压力之大，痛苦之深难以言表……

此外，还有很多因素可以导致女性因压力或刺激过大而产生心理结构性的坍塌，出现一系列的身心反应，造成严重的身心伤害。

2. 引发躯体化变异

女性心理压力过大，容易导致由心理社会因素诱发的躯体功能紊乱或器质性病变。长期生活在压力中，会加速女人衰老的进程。有数据表明，中国90%以上的女性有早衰现象，并伴有不同程度的疲劳综合征。

女性心理压力导致的躯体化变异主要是：经常感到莫名的疲乏与劳累，自觉身体虚弱无力；出现皮肤干燥、皱纹增加、发色枯黄、体重攀升、头昏、偏头痛、痛经、月经不调、消化系统功能失调等轻度症状；随着女性年龄的增长，还会出现高血压、冠心病、心律不齐、肠溃病、气管哮喘、甲亢、糖尿病等重度症状。

孕妇如果心理压力过大，会影响胎儿的健康成长，导致胎儿免疫系统缺陷以及智商降低。其实，就免疫系统来讲，心理压力不仅会对胎儿造成影响，同样会使女性自己的免疫系统能力低下，身体抵抗能力变差，往往易患感冒、口腔溃疡、妇科病、皮肤病等疾病。

性格内向、情绪不稳定、易紧张的女性一般都承受着超负荷的心理压力，容易在睡眠中紧咬牙关或磨牙，导致睡眠质量下降，有疲惫感和紧张感；引起内分泌系统和新陈代谢功能的紊乱，导致肥胖；抑制卵巢分泌雌性激素，导致月经周期紊乱，或者闭经，甚至不排卵，发生不孕；造成植物神经功能紊乱，进而影响新陈代谢功能，降低新的组织细胞的再生能力，导致早衰。

3. 引发心理疾患

复杂的人际关系，激烈的竞争压力，以及繁重的家务劳动等，都使女性承受着巨大的心理压力，引发各种心理疾患，主要表现为各类神经症。

（1）持久的心理冲突

首先，压力如果缓释不及时或无法消除，就会带来内心的各种矛盾和冲突。女性受生理心理的影响，内心本来就比较脆弱（相比男性而言），如果压力过大且缓释不及时，就会产生退缩或回避心理，但退缩和回避心理往往与想坚持的方向是相反的，这就出现了内心严重的矛盾冲突。

其次，内心的矛盾一旦形成，人的注意力将很难集中，因为注意力只能遵循一个方向，如果一件事出现了截然相反的两个方向，注意力就无法集中在这个具体事件的执行上。

最后，还会出现工作效率、执行力、决策力、判断力、记忆力降低的问题，随即形成忧虑、焦虑状态的雏形。

（2）情绪失调

女性过大的心理压力往往是以不同的情绪状态表达出来的，有时表现为情绪激动或亢奋，有时表现为烦躁和焦急，有时则表现为抑郁。这与女性的基本性格特点和不同时期的心理环境有关，但总体来看，已经属于不太正常和健康的情绪表现。

（3）睡眠障碍

女性的睡眠很重要。一般强度的压力对睡眠的影响较小，但中等强度以上的压力会影响睡眠质量，甚至导致睡眠障碍，如失眠、噩梦、早醒等。睡眠障碍属于心理疾病，程度严重的话需服药治疗，否则会影响正常的工作和生活。

（4）有疑病性强迫观念

因女性的心理特点不同，心理反应会有很大的不同。有些女性会有各种明显的躯体不适感，如慢性疼痛、急性头疼、腰腿痛、身体某些部位不适等，但检查不出器质性的病变。这些无法去除的疼痛感受往往会引发强烈的疑病感，总觉得自己生病了，甚至是不治之症，这种强迫性观念最终会令女性患上强迫症。

（5）产生极端行为

女性压力过大，在严重情况下容易产生极端行为，比如自残、自虐、自杀或伤害他人的行为。这是因为女性在压力的冲击下，安全感受到了冲击，她们首先会想到用极端方式吓退或应对压力，这被女性当作一种自我保护的手段，她们认为自残、自虐、自杀是自己解决问题、摆脱压力的最后手段。其实，这是典型的偏执躁狂心理，对家庭和社会的危害极大。

你可知道？压力从何而来？

1. 过高的目标追求

常言说，“摸着石头过河”。这是指人做事情要量力而行，对没有经验的事情尽量不操之过急，也不要求过高，而是循序渐进，慢慢摸索，这是一种处世哲学和人生智慧。

然而，有些女性并不遵循这样的处世哲学，她们宣扬女权主义，主张“女人不狠江山不稳”，做富有冒险性、挑战性，甚至是超出自己能力范围的事情，可以说是“背着石头过河”。这些不切实际的幻想会让人产生盲动，从而带来很多意料之外的压力。

罗丁是个不满足于现状，总是想要更多的人。结婚以后，罗丁嫌餐饮业挣钱太少，一心想要挣大钱，总觉得自己有这个能力和本事，想通过自己的努力过上更体面的生活，于是她转战装饰行业，觉得能挣大钱且来钱快。

刚开始，罗丁做小型家装工程，挣的钱比起做餐饮时多了不少，但她还是不满足，一直羡慕那些做大工程的，动辄就赚几十万元、几百万元，甚至上千万元。从梦想着接大工程开始，她就把注意力放在了一些单位的装饰工程项目上，一门心思托关系找熟人，想尽一切办法靠近工程发包方，最终接到了一个 30 万元的大工程，高兴得几天几夜合不拢嘴。

根据合同约定，项目前期对方先支付 30% 的预付款，中期再支付 30%，全部验收合格后再支付 30%，剩余的 10% 要一年以后工程不需要修缮了再支付。罗丁拿到首付款 9 万元以后就开始张罗人马，购买了很多优质设备和材料，心想要做成一个样板工程，为以后承揽更多的大工程铺平道路。因此，工期不到一半，9 万元的首付款就花超了，只能自己先垫上。

好不容易坚持到工程中期，罗丁按照合同追着对方要钱，她不知道大项目不同于家装工程，在财务结算上有很复杂的流程，需要各个部门审核签字，每一个环节都要走好几天，结果费了很多周折也没拿到第二期费用，只得继续自己垫付，还安慰自己：等工程全部结束，不止能一次补上垫付的近十万元资金，还能再多挣个十万八万。然而，两次工程验收都查出不少问题，返工维修又得花好几万块钱。

后来，罗丁才明白是自己不懂大工程的运作规则，才导致这两次非质量问题的返修，她彻底绝望了，只得继续垫钱完成返修，最终这费了九牛二虎之力争取来的“大工程”，只挣了8000多元，还不如以前简单操作的家装工程挣的多。此后，罗丁发誓绝不再碰装饰这一行了。

2. 冲突的社会角色观念

一个失业的男人整天待在家里看孩子，做“家庭煮夫”，而女人背负着很重的“挣大钱”的压力，成为雷厉风行的“女强人”，这时家庭的生活压力不一定巨大，但对他们来说却会产生不适压力，这主要源于与社会“男主外，女主内”的主流观念的矛盾，不对位的社会角色压力对女性的影响是潜在的，而且是巨大的，但往往是容易被忽略的。

社会角色观念往往会导致个体的不适压力综合征，这是指对生活或工作等的不良适应造成的压力，最典型的不适压力综合征是权力与利益的交换压力。也许有人会提出疑问，怎么权力还会造成压力呢？其实，当权力可以交换利益的时候，权力与利益之间就会形成一种依赖关系，依赖与依附关系本身就是压力关系，比如一个人依赖在另外一个人身上，或情感依赖，或物质依赖，被依赖的人肯定会有压力。权力与利益的依赖也是如此，权力越大，换取的利益也就越大，同时造成的压力也会越大，也就是“在其位不得不谋其政”。

现代职业女性承担着妻子、母亲、职员的角色，同时还有实现自我发展的人生目标，而复杂的社会环境与传统观念，以及女性特有的心理特点，使得女性既要做好事业，又要顾好家庭，还要提升自我，多样化的社会角色难免会产生冲突，使得女性无形之中就比男性承担了更大的精神压力。

其实，罗丁当年找对象的时候总是“高不成低不就”，见了好几个别人介绍的对象，总是没遇到自己一见钟情的。那段时间罗丁很郁闷，自己要求并不高，怎么就是没有让自己满意的男孩子呢？就在罗丁心灰意冷的时候，丈夫终于出现了，他当时在市饮食服务公司帮忙，是她的上级主管，经常跟着领导到各个餐饮企业检查工作，两个人陷入了热恋中，从相识到结婚只用了不到半年的时间。

人在遭遇挫折、压力的时候，最需要家人的理解和支持。而罗丁事业失败的时候，丈夫对她只有指责和埋怨，认为她只顾事业不顾家庭。别人不理解无所谓，连自己的丈夫都不能支持自己，这对罗丁的打击很大，伤心到几近崩溃。

也就是从那个时候开始，罗丁和丈夫的矛盾加深了，两人开始了长时间的冷战。罗丁很痛苦，她想让自己的生活过得更好，而事业成功绝不是一件轻而易举的事情，她不想放弃自己的理想，丈夫也不想作出妥协，最终两人选择了离婚。

罗丁觉得自己一直在奋斗拼搏，结果事业不如意，家庭也不美满，最终落了个竹篮打水一场空。百无聊赖、穷困潦倒的她茫然不知所措，疑惑这是上天的安排，还是自己的问题？

3. 不良的遗传和环境因素

应对压力的能力与性格有关，是由性格特质中的韧性和毅力两个因素决定的，而性格又与遗传有关，所以，应对压力的能力在很大程度上取决于父母的性格。如果父母（至少一方）具有果敢、坚韧、抗压的特点，一般来说孩子就会具备这些特质。

此外，后天的成长环境也会影响人的应对压力能力。假如父母是应对压力能力很差的人，孩子会潜移默化地习得其应对压力的方式方法，逐步成为酷似父母的人。

知识驿站

美国明尼苏达大学的研究表明，大约50%的性格差异是由遗传差异导致的，也就是说遗传因素对性格的影响占了一半，环境因素对性格的影响也是50%，具有同等的重要性。

因为人的成长总是在父母的监护之下，所以遗传因素和环境因素又是无法截然分开的，是混杂在一起、交互发生作用的。从这个意义上说，遗传、环境以及经常被忽视的随机因素，都会对人的性格产生重要的影响。

压力经历和应对压力的能力没有因果关系。一个人即使从小所经受的压力很多很大，但应对压力的能力却可能没有增长，甚至可能会因为承受不住长久的压力而崩溃，作出过激行为。

小琴是一位出身农村的女厨师，小时候家里非常穷困，还有许多兄弟姐妹，自己能吃饱就不错了，别的什么都谈不上。小学没读完，小琴就辍学了，因为家里实在供不起这么多孩子读书。辍学以后，小琴在家干了几年农活，14岁那年只身来到城里打工，在餐馆里负责刷盘子、打扫卫生，什么脏活累活都干，后来终于靠自己的努力和能力成为了一名厨师，但她经常为了一些小事情和人争吵。一次，小琴与一个顺菜工因为工作问题发生争执，竟拿刀捅伤了那个顺菜工，被判了六个月有期徒刑。而捅伤顺菜工的原因竟是因为觉得对方一直看不起她，这次自己实在是忍无可忍了。

小琴所遭受的痛苦与磨难比一般人要多，生活环境给她的压力一直很大。一般人认为从小就吃苦的孩子，长大后应对各种压力的能力应该很强，所谓“穷人的孩子早当家”。但出乎意料的是，小琴应对压力的能力非常差。原来，小琴的父亲是一个性格非常暴躁的人，经常与同村的人争吵打架，她从小习得的应对压力的方式就是以暴制暴，不懂得沟通与调节，没有任何应对压力的有效措施与经验。而一直处在压力之中的女性，一旦被应激事件所刺激，尤其是被情感所伤害，就很有可能作出过激反应。

4. 自身生理特点

女性应对压力能力的不足与其生理特点也有一定的关系。生理期和生育期这两个非常重要的时期，对女性情绪和心理的影响是巨大的。由于内分泌、激素水平等生理指标的改变，女性在这两个时期对外界的刺激比较敏感，很容易急躁和情绪化，而且很难控制，别说是应对压力，就连对付一般的小刺激，也都是不小的挑战。尤其在生育期，由于分娩对女性生理和心理的影响尤为巨大，这时女性应对压力的能力几乎为零，稍有不适都有可能面临心理“崩盘”，这几乎是所有有生育经验的女性的共同感受。

此外，一个人如若存在生理缺陷，则同时具有另一方面超越性的心理期待或是生理优势。比如视障人士的听力会更发达，手臂残疾的人的腿脚格外灵活，这是生理优势的互补现象。在心理方面的表现则是容易产生高强度、高超越性（超越现实、超越自我）的过高心理需求。例如，一个腿脚不便的人，不仅期盼自己能像正常人一样站立，而且会幻想能像运动员那样奔跑跳跃；一个身材过矮的人，经常幻想自己拥有篮球运动员那样的身材，而非一般人的高度。

为什么会这样呢？原因是具有生理缺陷的人对自己的缺陷相当敏感。就其缺陷问题来讲，因为没有生理正常人的感受，只能借助于假想和揣测来体会，既然是假想和揣测，就会有不实际或超客观的东西，甚至是明显不符合规律的东西，比如憧憬的目标过高，完全不符合现实。

罗丁小时候特别调皮，在床上翻跟头，一不小心掉了下来，被地上的硬物捅伤了一个眼睛，视神经受到了严重损伤，视力基本为零，这种生理缺陷多多少少让她感到自卑，但也激发了超越性、高强度的心理期待，要用自己不凡的能力来实现自己的创业梦想，使自己获得更好的生活，因此才出现了重事业、轻家庭的问题。

其实，这一过程也是超越性的，只不过罗丁还没有成功地超越，如果她能坚持目标，放下石头过河，摸着石头过河，不急于求成，不轻言放弃，她的梦想未必不能实现。

另一个女孩，从小就患有小儿麻痹症，一直在轮椅上生活。读完初中后，家里就不想让她再上学了，一是她自己行动很不方便，上学放学都需要人照顾；二是家里认为一个残疾人就是上了大学又能怎么样呢？正常的大学毕业生都找不着工作，何况残疾人呢？

女孩理解家里人的心思，为了不给家人添麻烦，就在家做些力所能及的事情。身体的残疾激发了她超越自己的梦想，于是办了一个名为"超越梦想"的网站，给残疾人提供了一个交流的平台，结果点击率上百万，一家投资公司甚至想出高价买她的网站。女孩认为卖了网站就失去了自己办这个网站的意义了，考虑再三还是决定和对方合作，引进资金，共同经营网站，成为远近闻名的"轮椅上的CEO（首席执行官）"。

这位残疾女孩之所以事业成功，就是承借了生理缺陷给人带来的高强度、高超越性的心理期待，把生理压力、心理压力、生活压力、社会压力等一切压力正向处理，也就是变负面压力为正面压力，使自己获得了正向推动。

5. 不合理的认知

认知对压力的影响是不可低估的，积极乐观、科学合理的认知会缓解压力，平抑压抑紧张的情绪；消极悲观、混沌偏颇的认知则会增加压力，加重人的各种负面情绪感受。

一个认知合理的人对自己所处的环境（无论优劣）都能欣然接受，好的条件自然不必说，当遭遇挫折和压力的时候，这种人也不会因为压力而改变情绪状态，而是会根据压力的大小和环境的状况适度调整自己的心态，既不屈从于压力，也不助长压力，基本保持压力与自我内心感受的相对平衡。

罗丁就是一个认知不合理的人，她不顾自己没有装修工程行业的多年管理、技术经验，就“跟风”把自己的事业定位在揽大工程、挣大钱这种高目标、高标准上，并且自信有能力做好，给自己制定了过高的目标，造成了过大的压力。

然而，能够接手大工程和顺利完成大工程之间是有差距的，项目最终以失败而告终，她才发现自己没有实力运作大工程，这就是不合理认知造成的压力和能力的不匹配。罗丁的认知局限和认知偏颇性，决定了她在应对和排解压力的能力、方式上出现严重问题，最终因压力过大而心灰意冷。

你能做到！拨开那朵压力之云

1. 适度宽容自己

儒家思想提倡宽以待人，严于律己，以宽容别人、尊重别人、饶恕别人为荣，以中饱自己、放任自己、宽慰自己为耻，这是中华民族的传统美德，也是我们为人处世、做人做事的好品格。

但是，事物总有正反两个方面，有积极的一面就有消极的一面，再美好的事物如果无限企及、过度奢望都会物极必反、事与愿违。对他人的宽容、尊重和饶恕虽是好的品质，但过而为之未必有好的结果，相反可能会出现问题。

适度是魅力生活的根本。英国浪漫主义诗人爱德华·扬格曾经说过：“越是无所求的生活，越是有幸福的感受；越是被压抑的生活，越是没有价值。”法国著名作家让·保·里克特也说过：“唯有适度才使生活富有魅力。”

女性的很多压力来源于对外界的过分包容和忍耐，而减少自身压力最简便的方法就是在不侵害他人根本利益的前提下，减少对他人无限度的宽容、忍耐和包容，把这些宽容多给自己一些，让自己倍受压抑的心境得以宽慰和释怀。

木莲是一位非常优秀的女性，温柔贤淑、包容大度、知书达理。她和丈夫是大学同学，上学的时候她就发现丈夫是个不爱表达的人，因此她处处事事包容、理解他。谈恋爱的时候，丈夫就已经不把木莲当回事，从来都是木莲主动去找他。有一次，木莲到宿舍找他，舍友都不知道他去哪儿了，她就在楼下等了两个小时，等他回来，还迎上前去热情地告诉他，自己在这里等了好久，结果他只是面无表情地回答了一句："哦，你有事吗？"

木莲很伤心，这样的事情太多了，但她心地很善良，总觉得应该谅解他，既然爱就应该互相包容。有很多人劝她不要感情用事，甚至有位长者明确告诫她这样的男孩不是有责任心的人，别耽误自己的一生，她却冲破了一切阻力，坚持嫁给了他，并且无怨无悔。在木莲的万般呵护下，他们的婚姻艰难地维系了十年，最终还是离了。

如此无怨无悔，甘于忍让，为什么到头来还是离了呢？木莲说过于善良、包容、迁就和忍耐解决不了任何问题，不会有好的结果，只会娇惯和纵容对方。这么多年来，她已经被压得喘不过气，再继续忍耐下去可能自己的精神状态要出大问题，离婚是她成熟明智的选择，但对于过去的事情她并不后悔。

木莲其实是一个心理很健康、很阳光的女性，虚怀若谷，包容不恭，忍受不敬。当她的良苦用心换来的仍然是伤害的时候，她毅然选择了放弃，不再忍耐、不再包容。她说自己学会了一种更加健康、更加科学的做人方法，那就是原谅自己，饶恕自己，敢于说"不"，只有这样才能保证自己身心的平衡与健康。

2. 平衡内外压力

外部压力和内部压力是一个非常复杂的关系链，外部压力受控于外部环境，与个人没有关系，是形成并来自于个人以外的社会、家庭、他人的各种因素，而内部压力则与个人身心系统、生物生理因素、成长背景、文化背景等与个体息息相关的内部综合因素有关。

外部压力和内部压力的关系首先是彼此独立的，也就是说没有外部压力的情况下，内部压力可以独立存在；没有内部压力的情况下，外部压力也是独立存在的。外部没有增加压力，甚至几乎就没压力的情况下，有些人自身的内部压力也会自发形成，就像密闭容器里的气体，由于过于封闭，内部的压力会随着气体的变质而发酵膨胀，最终达到一定的强度而损坏容器。一般高强度地封闭自己、不和外界交流、极端自我的人，都容易出现内部压力过大的问题，最终导致身心系统紊乱。

外部压力和内部压力的关系也是相互依存、相互影响的。当外部压力增大时，一个人的适应能力不足，减压系统不健全的话，就像一个气球，内部的压力会随着外部压力的增加而增大，大到一定程度就会爆炸。但如果一个人的减压系统比较健全，也就是能够随时排解内心的压力，那么外部的压力就可以通过习惯性的宣泄方式排解出去。

要想使外部压力和内部压力达到平衡，就必须让自己对内对外都有一个平和的心态，这是缓解各种压力的关键所在。

第一，要对自己的压力易爆点有一个清晰的认识。如果自身性格比较急躁易怒，很容易感受到压力，则要尽量避免受到相应的刺激。例如，有的女性特别反感黄段子，遇到异性故意谈论这类话题时，就应该尽量走开，避免受其骚扰以致影响自己的心情；有的女性特别害怕听到、看到伤害性的事件（即使是影视新闻），那么也应该尽量回避，避免引起不必要的惊恐和不适。

第二，要学会“放气”减压。当环境或应激性的刺激已经对自己构成了影响，想回避都来不及的时候，就要及时调整自己的内部压力，即给自己一个心理暗示，自己跟自己对话：“这件事可能又要惹我生气了，我可能又要发火了，既然不是针对我的，我又何必那么认真呢！即便就是针对我的，我应该怎么应对才有利呢？是虚心接受有利，或是顶撞争执有利，还是歇斯底里地发泄一顿更有利？原来自己都是顶撞和歇斯底里地发泄，得到的结果都不好，这次不妨换个方式看看。”这种心理暗示对调节内外压力平衡，缓解冲动情绪非常有效。

一位上了岁数的老太太，气性相当大，年轻时候就是个急脾气，生了一辈子气，没有谁招惹她也能自己发火，一只小狗小猫乱叫也会让她大发脾气，还会将怒气四处乱转移，脾气过了又很内疚，搞得自己和家人都压力很大。

老太太的老伴去世后，子女们担心她孤身一人，对衣食住行不讲究，生活质量不高，都想让她到自己家里安度晚年，但她在谁家也住不惯，最多待两天就烦了，还和子女们搞得关系很僵。老太太觉得这种日子过得很压抑，认为自己身体很好，自理能力很强，坚持要一个人住在老屋。

后来，我们建议子女们听从老人的意见，让她自己一个人生活，因为对于内心冲突比较明显的人来说，尊重他们的习惯比约束他们要好得多。最终，子女们决定尊重老太太的想法，让她一个人住在老屋，大家时不时地去看望。

现在，老太太非常快乐，享受着无拘无束的独居生活，不必再受外界压力的冲击。其实，选择了适合自己的平衡内外压力的方式，才能有效排解内心冲突的压力，真正享受到生活的美好。

3. 运动娱乐减压

减压最好的办法就是让自己成为多孔的气球，让随时增加的压力通过这些气孔发散出去。建立这些气孔并不是一件很难的事情，各种运动项目、文娱活动等都是非常有效的减压方式，只要形成习惯并持之以恒，就会有明显的减压效果。

适合女性的运动和娱乐项目有很多，比如毽球运动、爬山郊游、快走慢跑、广场舞、集体舞、歌咏活动，等等。运动的目的是增加身体组织器官的动力性，以健康的肌体组织应对外界的压力，同时，运动和娱乐活动还可以倾泻和排解压力，积累的很多负面情绪都可以在运动和娱乐活动中一扫而光。

女性总是容易理解、包容他人，却不能原谅、理解、包容和饶恕自己，这个意识习惯必须要调整，要学会包容自己，对自己好一点。此外，还要学会放弃，懂得放弃才是真正的拥有。其实，放弃的并不只是利益，更多的是压力，最终得到的却是释放了压力以后的“利益”，这个关系很多减压实践女性都有切身的体会。

罗丁以前心理压力很大，连续多年出现神经性头痛、月经紊乱和皮肤瘙痒等症状，看过很多中医、西医，吃了不少药，都没有效果。

现在，她参加了一个毽球俱乐部，每天早上都坚持踢球，一踢就是两三个小时，直到全身都大汗淋漓。运动的过程中，大家有说有笑，有打有闹，非常开心。

运动减压带来的效果非常明显，坚持了一段时间，罗丁所有的病症都消失了，重新获得了轻松的身心。

专家寄语

男女在排解压力的问题上存在着很大的差异，男性可以用酒精、剧烈的运动、朋友聚会等各种消遣方式排解压力；女性则不同，天性的内敛决定了排解压力的方式只能是靠适度的运动、交往和改善心理的平衡机制来完成。女性在善待他人的同时一定要善待自己，说到底就是要学会对自己宽容、对事物释怀，不能让自己背负太多沉重的负担和压力，否则，这一生就太辛苦、压抑了。

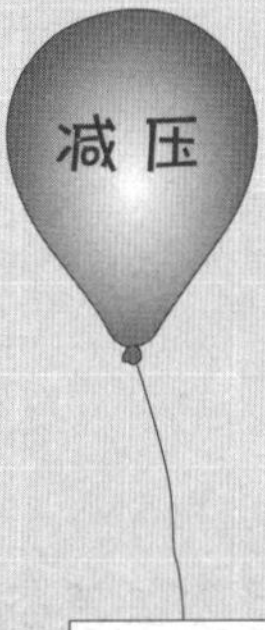

第二课 拨开脆弱之云

你是不是这样的女子？

1. 遇到问题或打击就伤心流泪。
2. 对新的环境很难适应，尤其对不喜欢的环境。
3. 面对困难常常束手无策，不知道该怎样应对。
4. 总想回避问题，不愿面对问题。
5. 只能接受赞许，不敢面对批评。
6. 愿意接受关心和帮助，却不知道该怎样去关心帮助别人。
7. 害怕麻烦，拒绝繁琐，不做“无用功”。
8. 对新鲜事物不感兴趣，更不愿去尝试。
9. 一件衣服一直穿，一件物品一直用，不坏就不扔不换。
10. 不会拒绝，不敢说不，总怕得罪别人。

女性的脆弱心态其实就是抗挫折力、适应力差，这一直是个备受关注的话题。众所周知，男女的抗挫折力与适应力是不均等的。由于在体力、体质、自我保护等诸多方面有着巨大的差异，在遭受各种挫折和压力的时候，男性的承受与适应力要远远大于女性，这是无可争辩的事实。

与过去的人相比，现代人的抗挫折力与适应力也有明显的不同。过去人们遭受灾难、经受挫折几乎是家常便饭，再苦再难的日子也能面对，如今人们几乎与挫折和灾难无缘，普遍享受着一生一世的平安，遭遇不测是很小概率的事，但相对来讲，应对灾难或打击的抗挫折力却大不如前。

有人曾对教师队伍做过一项调查，并得出结论：经济欠发达地区的乡村教师、民办教师的抗挫折能力远高于发达地区高等院校的教师。其实，贫穷落后地区的人普遍比发达地区的人抗挫折力要强，久经沙场与娇生惯养的区别显而易见，这是个规律。但是，我们不能因为生活条件好了，就丧失了抗挫折能力，尤其对于本身抗挫折力就低、心态较脆弱的女性来说，这是个更加突出的问题。

你要警惕！脆弱是什么？

脆弱，就是缺乏较强的适应力、抗挫折力。适应力是指人对某些事物的适应程度，适应性低的被称为适应力差。一般情况下，人对愉悦美好的事物、良好舒适的生活、宽松和谐的环境有着比较好的适应性，反之则不然，所以对适应力的评价也就更加注重对于不喜欢、不习惯、不舒适，甚至是在困难条件下、艰难环境中的适应性反应。

1. 习惯性挑剔他人

抗挫折力、适应力低的脆弱女性，往往会将这种不适应转换为对他人的不满与挑剔，这是因为她们潜意识里抱有“改变了他人或环境就适应了自己”这一主导意识，这是抗挫折力和适应能力低下的脆弱女性的意识通病。

在这样的意识推动下，只要遇到不满意、不适应、不喜欢的人或事物，她们就开始找对方或外界的问题，只要提出对方或环境有问题，并且让对方去调整，让环境去改变，这就达到了她们适应的目的。

适应能力低下的女性的行为尤为显眼、特殊，她会经常提出不合群的说法或想法，不能客观公正地评价自己和他人。即便不直说是对集体中的哪个人或哪些事不满意，也会让大家知道不合群的原因不在她，而是其他人或集体的某些原因让她无法接受。

王彤家庭条件不错，父亲是大学讲师，母亲是公务员，但本应该幸福快乐的生活却不尽如人意，主要原因出在王彤身上，用父母的话来说，王彤从小到大都不省心，是个特别脆弱和“矫情”的女孩。父母第一次发现王彤心胸狭窄，喜欢挑剔他人，是在她上小学好几次吵着要换同桌的时候。

王彤的第一个同桌是个挺调皮的孩子，她不喜欢这个同桌，吵着闹着要换座位，父亲也害怕她的成绩受影响，就跟班主任说明了情况，班主任很快给王彤换了一个同桌。可是没过多久，王彤又提出要换座位，理由是现在的同桌还不如上一个，经常和她闹别扭，上课还总和她说话，影响她听课，父亲以为碰上一个更差劲的孩子，就又找班主任要求调换一个爱学习的孩子。班主任有点纳闷了，王彤现在的同桌就是个成绩不错，也不调皮的孩子，但还是给王彤换了一个非常安静，学习又好的女同学。

谁料，王彤又嫌这位女同学傲气，不爱和自己说话，看不起自己，又要求换座位。这回父亲终于发火了，这个女同学是公认的好学生，还是班干部，对她还不满意的话就是王彤自己吹毛求疵了，这么看来，之前的换座位要求应该也是王彤自己的问题。父母从这件事开始对王彤有了一个疑问，为什么她如此挑剔，对谁都不满意呢？

2. 执着于想要的事物

抗挫折力、适应力低的脆弱女性，非常执着于自己想要的事物，一旦得不到或者要求没有被满足，就会陷入情绪的谷底，哪怕上一秒钟还是艳阳高照。

适应力低下其实就是控制自己的能力低下，因为无法改变自己的想法，所以总是固执任性地执着于想要做的事情，把实现自己的想法当成最终获胜的证明，以此来满足和肯定自己。要是目的没有实现，那就等于自己被否定了，没有被理解和尊重，自尊心就会受到极大的伤害，因此，脆弱的女性会用极端的情绪来发泄她们的不满，表达她们的愤怒。

王彤上初中以后，家里为了保证她有充足的学习时间，几乎不让她干家务，但生活中的一些小事情依然会干扰她，让她常常心神不定，坐立不安。比如，她特别喜欢五颜六色的儿童组合家具，但是父母觉得她的年龄已经不适合儿童用品，而且她的房间里已经布置了成套的家具，那些家具也并不陈旧，没有必要重新买一套儿童家具。这个事情让王彤伤心了很长一段时间，整天闷闷不乐，连学习成绩都受到了影响，最后还是父母做了妥协，买了她喜欢的儿童家具，她的心情才好起来。

王彤的学习成绩一直不错，每学期基本都能被评上“三好学生”，有一次一门功课没有达标没被评上，她就接受不了这个现实，郁闷了很长一段时间，学习的劲头大幅下降。初二的时候，王彤和班里的一个男生经常聊微信，父母发现她随时都在玩手机，但是她都说是在网页上查资料，后来老师分别找了两人谈话，他们表面上答应，暗地里却依旧联系，她的中考成绩因此受到了很大影响。原来完全可以考入省重点高中，最终却考了个二类高中。

3. 不适应新环境，逃避问题

抗挫折力、适应力低的脆弱女性，对新环境的适应、对新问题的解决都非常抗拒，她们习惯用固有的思维与行为方式处理问题，一旦超出自己的经验范围，就会惶恐不安、身心不适。

适应能力这个概念本身就是对新鲜事物而言的，对陈旧的事物不存在适应性问题，之前就已经适应过了。所以，一旦遇到新问题、新环境，适应能力低下的女性首先是以抗拒来保护自己，因为对新鲜事物缺乏了解，对新问题和新困难又没有经验和解决的措施方法，这个适应过程对她们来讲就像在做实验，而实验本身就有可能出现意外问题，这是她们无法接受的。

但是，适应能力低下的女性也不是完全不接受新鲜事物和新的环境，而是像蜗牛一样露出须爪，先试探一下外部的环境，一旦遇到问题，马上收回须爪，躲进坚硬的小壳里，寻求保护，避免伤害。

王彤对挫折困难格外敏感，并且非常抗拒，一遇到挫折困难就习惯性地退缩、回避。在家庭生活中，父母让她做一件以前没干过的事，她就会很反感，想方设法推辞。例如，暑假期间让她去菜市场买菜，一是锻炼一下独立交往能力，二是能够劳逸结合，不要整天都憋在家里学习，但王彤一口回绝，说自己长这么大从来没有单独买过东西，出去肯定买不对东西，再说学习才是最重要的事，怎么劝说都不愿出门与陌生人打交道。

初中毕业后，从小没离开过家的王彤选择了一所寄宿高中，心想集体生活会很热闹有趣，结果不到半年时间，她就出现了严重的不适感。原来高中集体生活很艰苦、枯燥，仅仅是起床洗漱问题就让她很烦恼。她们宿舍有8个人，每天早上6点半就得起床，小小的房间实在是很拥挤，刷牙、洗脸、上卫生间都得抢，而王彤经常是起得最晚的那一个，什么也抢不上，干脆牙不刷、脸不洗，早饭也不吃就直接奔教室。在食堂吃饭对王彤来说也是个不小的压力，光排队就得半个多小时，后来她就每天在宿舍里三顿都吃方便面凑合，同学们都觉得她非常另类。

与此同时，王彤的学习状态也受到了严重影响，从入学时的班级第 19 名滑落到了最后一名。父母和老师都以为王彤和大多数不适应高中紧张学习生活的学生一样，不超过半年就会完全适应的。半年以后，王彤的问题却更加严重了，出现了厌学问题，想要转学到住宿条件更好的高中，甚至宁愿重新再读一次初三以重新考一所好高中。

你可知道？脆弱从何而来？

1. 过高的期望标准

过高的期望标准其实就是只许成功，不许失败；只许最好，不许落后的理念。在我国，这种理念可能从小就能接触到，考试必须考第一名；工作必须要稳定高薪；生活必须要有房有车……很多人不论是对别人（配偶、子女、同事等），还是对自己，虽然没有直接表达，但内心依旧是只期望成功，不允许失败的。

然而，过多强调成功的重要性和如何做才能取得成功，而忽视失败的可能性和失败对成功的促进作用，就会造成过分渴望成功、惧怕失败的心理暗示，容易导致在面对困难、面临挫折的时候产生退缩性行为。当取得成绩的时候，成功的心理企及得到了满足；当遇到困难的时候，惧怕失败的恐惧心理陡然上升，这时人们就会采取回避的方式，从而出现适应力不足的问题。

过高的期望标准和脆弱的承受能力一起生成、一同存在，有了过高的期望标准，必然产生脆弱的承受能力。因为期望越高，就越不容易实现，失望的可能性就越大。“期望高”其实是“只期望成功”的另一种说法，既然只想成功，那就不可能做好失败的心理准备，所以一旦失败，心理层面是无法承受的。同时，它们又是一对矛盾，期望标准越高，心理承受能力就越弱，心理学把它们比喻成天地关系，也可谓心比天高，命比纸薄，想的越好，结果往往就越差，就越难以接受。

其实，这里面还有一层辩证关系，那就是高期望和低现实是比较出来的，无论现实多么客观实际，但在当事人眼里都是与高期望有差距的，这就造成了对现实结果的不满，反映在心理层面就是承受力的问题了。

王彤的父母对她的期望很高，希望她能考上重点大学，有份体面高薪的工作，这也是大部分家长的共同心态。虽然他们也理解现在的孩子要承受很大的学业压力、就业压力、房车压力等，但是现实的社会很残酷，没有好的分数就考不上大学，考不上大学就不可能有好的工作，没有好的工作生活就没有保障，所以他们很注重对王彤的教育、督促和引导，生怕她走弯路、走错路，看到她的学习成绩掉到最后一名，他们立刻在周末安排了三科家教和两个业余补习班，希望能把落下的课程补回来。

王彤状态不佳的时候，父母从来不发火，都是耐心开导，拿“别人家的孩子”做正反教材讲道理，只激励进步，不原谅退步；只展望成功，不接受失败，谈前景全是美好的祝愿和希望，说失败的全都是无能之辈。

父母经常对王彤说：“楼下的两个女孩，上学时候看不出区别，结果后来甲考上了研究生，毕业后留校任教，丈夫也是大学里的老师；乙高考落榜后随便找了个工作，一会儿摆地摊，一会儿跑保险，到现在都没个正式职业，还找了个没固定收入的对象。甲一直都很阳光快乐，见到昔日的好友乙会很兴奋，希望能多聊几句，但乙可能是自卑，很不情愿、不自在，总是躲躲闪闪，显得有些尴尬。尤其是双方都带着对象的时候，那才叫难堪呢，一个是斯文儒雅的大学讲师，一个是不学无术的小混混。两个曾经的好朋友如今差别这么大，完全是两种截然不同的社会身份，现实就是如此残酷。事是人做出来的，路是人走出来的，今天的收获是用昨天的汗水浇灌出来的，今天的苦果是因昨天不努力种下的，不吃苦中苦，难做人上人。活生生的例子就摆在面前，一个是幸福，一个是痛苦，都是自己一手造成的，应该选择哪条路，你自己选择吧！”

其实，父母对王彤的高期望，不只是学习方面，就连做人做事也给她树立了很多标杆和榜样，不时提醒她应该这样做，应该那样做。比如，家里来客人时，王彤不主动打招呼，或者一句话的语气稍有不对，等客人走后父母就会教育她，做人首先要有礼貌，要懂得尊重别人，这才是一个正常人的标准，将来要想在社会上有立足之地，做一个有出息、受尊重的人，现在就得先学会尊重别人……

在父母眼里，成功者说话做事应该有一种固定的模式和气质，而失败者又是另外一种模式，他们把两种模式刻画成样板灌输给王彤，让王彤照成功的模式去做，而用失败的模式做警示。但是，王彤已经从心里烦透了父母的说教，根本就听不进去，对立逆反的情绪很强烈。

2. 单一局限的经验思维

适应力不足与生活阅历的局限性、认识问题的片面性有很大的关系，如果只以单一化的体会和认识来看待事物、对待生活，不接受自己尚未体会过的，抑或和自己观点不相符的新事物、新模式，则必然导致适应力不足。

现代社会物质条件的极大改善，使得大多数人很少能体验得到生活的不便与穷困，当面对困难的时候，有些人会选择绕过或放弃，不想通过自己的努力解决问题、克服困难，更不会从自身找原因，去主动适应和面对问题。

此外，在当今信息时代，很容易接收到不同的信息，有的人只接受与自己固有的思维观念相一致的信息，而排斥不同的声音，导致看问题单一而局限，缺乏全面而多元的视角，因而一旦受到强有力的外界不同信息的冲击，就容易产生抗拒心理和适应力不足问题，成为他人眼中的异类。

经验性思维在心理学上被称为偏执性思维，即把自己的经验看成是评价事物的唯一根据和标准。喜欢用经验思维看问题的人，习惯于靠自己的经验去臆断事物，对不熟悉的事物也善于用习惯化的思维方式和经验去臆断，结果肯定会“张冠李戴”“驴唇不对马嘴”，这时就出现自己的主观判断和客观实际之间的巨大差距和矛盾。怎样理解和看待这些矛盾和差距，如何去应对这些问题，就成了检测这类人适应能力大小的试金石。能接受这些差距，承认这些矛盾，就是适应能力较强的人，相反就是适应能力不足，且思维偏执的人。

王彤家境比较好，又是父母的掌上明珠，从小就没吃过苦，再加上父母希望她能专注于学习，也没让她接触过学业以外的其他事情，衣食住行都是最好的，而且家里都以她为轴心，以她的意见为主，一切都围绕着她运转。因此，娇生惯养的王彤从不认为自己换同桌、换学校是无理取闹，反而觉得是同桌、学校不够好，因此只要不停地换座位、换学校，总能找到适合自己的同桌或学校。

其实，这就是典型的偏执性思维，也就是单一局限的经验性思维导致了王彤总认为一切都应该围着她转，都应该以她的感受为原则、为依据，从来都意识不到正是自己的适应能力不足，才引发了一次次的换同桌事件。

3. 标准模式化的教育理念

西方国家一般不给人设定对事物的评价模式和标准，提倡每个人发挥主动性，调动自己的认知能力去评价和认识某种生活现象或客观事物，虽然得出的结论可能是千差万别的，不依附哪一种统一的标准，也可能是片面和不完整的，但是当这些生活现象或事物再次出现的时候，由于已经被认知过、评价过，即便当时的认识和评价有所偏颇，毕竟也是在自己的认知能力基础上得出的结论，再次进行认识的时候就可以进行修订和调整，而不会排斥和抗拒，这就是认识进步的过程。

而在我国，家庭和学校都倾向于实行标准化、模式化的教育，喜欢单方面引导，设计同一个目标，你必须这样做，不能那样做，这样做就能取得什么样的成绩，那样做就一定会是什么样的下场，等等。这是一种非此即彼的单一选择法，否定了第三种可能，个体没有选择的余地，也没有发挥的空间，从而导致了个体在最初认识某种生活现象或客观事物的时候，不是经过了自己的认知分析（即便当时的认知能力还很不成熟），而是受到了外界的强烈干扰，甚至是强加于人的说教和灌输。在当时认知能力有限的前提下，个体未必能够接受那些说教和灌输，这就形成了自我认知与外界说教灌输的相互矛盾，甚至是对立。

一旦形成了对立状态，当类似的生活现象或事物再次出现时，自我认知就不会轻而易举地接受、承认，原来的相悖可能是隐性的，现在的阻抗会成为显性的，这时就会表现出不适应的问题。几乎所有社会适应力不足的人都有逆反心理，有的叛逆心理还很严重，而不适应的东西多半与外界经常灌输教导的东西有关，这已经成为一个心理规律。

齐芳今年已经30岁了，依然经受不住各种突发应激事件的打击，不敢面对任何挑战，也不能适应复杂的社会关系，就连找对象谈恋爱都很不适应，成了一个名副其实的大龄“剩女”。

齐芳从小跟着爷爷奶奶长大，爷爷奶奶都是老学究式的人物，做事特别认真细致、讲原则，无论大事小事，他们都会详细解释给齐芳应该这样做，不能那样做；为什么要这样做，为什么不能那样做。其实，还是小孩子的齐芳根本听不懂老人在说什么，只知道他们又在发号施令，对这些“清规戒律”早已心生厌倦，左耳进右耳出，逆反心理很重，最终导致了齐芳长大以后在很多事情上认知偏颇、态度极端，尤其对复杂事件和困难场面的决策与适应力低下。原因就是过去遇到这类问题的时候，齐芳都是在和爷爷奶奶闹对立，习惯性地回避问题，没有培养起对复杂事件或困难场面的主动应对能力。

王彤也有类似的经历和感受，她说从小到大，自己的家庭都是一个基调、一种模式，母亲有时还能开个玩笑，而父亲总是一副不苟言笑的样子，基本没有第二种表情。父亲与王彤的交流更是呆板单调，不是问学习进度，就是问学习成绩，再没有其他可问的了。王彤觉得自己只有这两点值得父亲关注，好像自己生来就是为学习和考试来的。

父亲只有一种模式、一种思路、一种基调来对待王彤，造成了王彤也是只用一种模式、一种思路、一种基调去对待学习和生活，她既反感这种状态，又跳不出这种状态，最终形成了内心的矛盾冲突，表现出来的就是对外界的不适应、逆反和对抗。

4. 尝试心理的退化

尝试心理是指对未知的、新鲜的、不熟悉的、具有挑战性的事物想去认识、了解、接触的心理，它会影响到一个人能否接受各种未知的命运，敢于承担挑战的结果，关系到心理承受力的问题。

尝试心理的退化主要是没有多元化的预期，更没有尝试未知事物和接受未知结果的胆识胆量，实质上是“只能成功，不能失败”的另一种表现。对脆弱的人来说，要想做到只成功不失败，就要严格按照既有的成功模式去做，其他任何方向都有可能出错，而一旦出现问题就是不可饶恕的，因此不愿也不敢付出代价去尝试未知。尝试心理一旦受到严重桎梏，放弃挑战、回避困难就成为保护自我的唯一手段，同时也造就了脆弱的心态和低下的适应力。

王彤小时候喜欢滑旱冰，父亲就手把手地教她。由于她胆小，不敢自己迈步，父亲就一手扶着她，一边讲解滑冰的要领，告诉她脚要往两边使劲，身子尽量往前探。王彤听懂了父亲的讲解，正准备往前滑，也许是要领掌握得不好，也许是姿势有问题，刚往前滑了一下就被父亲拽了回来，指出哪里有问题，并再次重复了一遍动作的要领。之后，王彤又要往前滑，身体还没动，就又被父亲拽住，唠叨了一遍姿势要领。这下，王彤彻底不敢滑了，她几次尝试的机会都被父亲剥夺了，尝试心理受到了阻碍。

没有感性体验做基础，只听父亲纯理性的指导，对王彤学滑冰来说，等同于纸上谈兵，让她不知所措，不仅心情很糟糕，连滑冰的乐趣也感受不到了，以至于后来她再也不愿去滑冰了。本来很喜欢的一项运动，就这样被父亲的“严格教育”弄得没了兴趣。

王彤的母亲对父亲的这种性格也很有怨气。本来王彤母亲学开车很顺利，教练都夸她很有“车感”，各科考试都是一次通过。拿到驾照后，王彤母亲满心欢喜，就拿父亲的车练习上路，结果坐在副驾驶上指挥的父亲一会儿都不闲着，不是严厉呵斥，就是大声制止。本来王彤母亲是很放松的，让他一指导，反而不知所措了，而且越开越紧张，越开越出错，其实也不一定真的有错，只是王彤父亲认为有错而已。

最后，王彤母亲被气得面红耳赤，不得不放弃开车了，说实在受不了王彤父亲的“指挥”，那哪是教人开车啊，根本就是不让人开车，每次车轱辘还没动，他就先喊停，再来一顿“教育”。总之，就是不允许别人尝试，也不允许别人出错，干什么都必须得按他说的一步到位，但那怎么可能呢！

你能做到！拨开那朵脆弱之云

1．接受困境的存在

美国第三代心理治疗的领军人物黑兹创立了一种新的学说——接受与实现疗法（ACT疗法），他在《摆脱思维，实践生命》一书里写到：“我的建议可能无法治愈读者的痛苦，人总是会遭受痛苦的。”这本书提出一个理念：幸福并不是人生的常态，人们要善于和勇敢地接受痛苦，甚至拥抱痛苦。他建议那些痛苦的人们不要跟负面的情绪作斗争，而要将其作为生活的一部分来接受，他因此成为当今心理学界备受争议，也是最有影响的心理学专家。

困境不是专属于别人的东西，它和顺境一样会出现在每个人身上，既不偶然，也不必然，而是一种自然，否定困境就等于否定客观，就等于不接受现实，是不成熟的体现。机会均等谁都有份，幸福可以眷顾自己，困境也同样会不期而至，惧怕它，毫无益处；憎恨它，更无用处；不理它，也没有好处；接纳它，大有益处。

其实，提高适应力的方法并不复杂，但做起来确实不太容易，涉及各个方面的因素，这些因素中认知最重要。只要调整和改善认知，承认并接受挫折的存在，改变过高的期望标准，理解适应力的形成原因，抓住影响适应力的主要因素，给予困境和顺境同等“待遇”，顺境时不沾沾自喜，逆境时不颓废气馁，在认知系统里把“顺”和“逆”等同，淡然视之，就能够解决心态脆弱的问题，使适应力得到最佳展示。

女性一生中要承担两个主要角色，一个是做自己，一个是做母亲，因此不仅要学会如何提高自己的适应力，也要了解如何提高自己孩子，甚至是其他家庭成员的适应力。如果把幸福生活看成是自己的追求，那就把困苦和磨难也列为追求的一部分吧，痛苦和幸福是一对孪生姐妹，她们相互依偎，不可分割，正是她们的不离不弃才构成了丰富多彩的现实生活，这就是自然法则，谁也无法更改。因此，女性必须具备对困境的正确认知，才能积极地适应家庭和事业的双重责任。

2. 树立正确的成败观

成功是什么？是学业成功，还是事业成功？是做成了自己非常想做的事，还是既有权又有钱呢？大多数人会把这些当作成功，把目标锁定在这些选项上，实现了就算是成功。

其实，成功不是一个简单的符号，也不是一种标签式的概念，更不是某种地位抑或物质意义上的象征，而应该是一种实现价值的过程，这个价值包括自我，也包括与自我有关的他人；包括小家庭，也包括与小家庭有关的社会。

成功的概念应该是健康身心、健康家庭、健康工作和健康环境的协调统一，在实现自我价值的基础上，尽量地满足他人的需要，满足社会的需要，让自己的效能得到最大限度的发挥。因此，调整身心，保持健康的体魄与良好的状态，才是成功者所做的成功事。

同样，失败是什么？一个人高考失利，人生就失败了吗？没有人会同意这种说法，但对于一个高考失利考生的家长来说，这就是很大的失败。然而，比尔·盖茨大学肄业，他能算是失败吗？

其实，成功和失败是矛盾体的双方，是一种辩证关系，成功当中必定包含着失败，失败当中也无时无刻不在孕育着成功，它们相互依存、相互转变、相互促进，绝不是非此即彼的关系。

因此，只要求成功，不允许失败本身就是不符合客观规律的，世界上不存在只成功不失败的人，只存在经历了无数次失败后才最终取得成功的人。

想成功就一定会有失败，没有失败就很难取得成功。一次失败并不代表着永远失败，不应该简单地划分成功与失败的界限。

3. 适当体验困苦条件

人不能只享受快乐、感受成功，失败和痛苦同样是不可回避的生活内容，就像粗茶淡饭，一顿不吃它可以，一天不吃它也可以，但长期不吃它不可以，因为要想保持身体健康和平衡，就不能不食粗茶淡饭。生活同样也是如此，一天不经风雨可以，一年不经风雨也可以，但长期不经风雨不可以，因为人要想健康成长，就一定离不开困苦和磨难，哪一天学会了接受困苦，哪一天才学会了真正的生活，否则人的成长就会畸形变异。

从小生活在艰苦条件下的人，对困境的耐受性和适应力要远远高于生活在优越环境下的人，这是生活阅历积累形成的习得性经验，是对困境的直接体验过程，取决于人的经历和生存状态，依赖于客观环境，受客观条件的限制，是一种痛苦的、无法改变的生命历程。虽然结果是获得了较高的适应力，但过程却是痛苦的，有时甚至是灾难性的，是人们不想经历和体验的，所以这种直接的体验并不是最积极、最符合社会发展规律和容易让人接受的提高适应力的方式。

我们没有办法也不可能让自己回到艰苦恶劣的生活环境中，去接受锻炼、感受艰苦，但我们可以借鉴西方国家所提倡的磨难教育，也即人为地创造磨难环境，适当体验困苦条件，真正经历和体会人生艰辛。比如，到山村支教，做义工帮助弱势人群。通过这种直接性的经验习得，了解并接受困苦的存在，并感恩所拥有的一切，不断提高自己的适应力与抗挫折力。

4. 主动尝试新事物

提高适应力的一个有效途径就是间接性地多角度总结和体会。人对事物的了解都有局限性，不可能经历所有的社会生活事件，所以靠别人的传授、书中的经验、传媒的信息等多种生活体会来源，广泛进行总结、思考和提炼，可以掌握很多新的知识、信息和经验。同时，也要从不同的侧面去观察、认识同一个事物，学会用多元化的视角理解和看待问题。

对于新事物而言，要敢于主动尝试。没有尝试就没有感性认识，没有感性认识就无法透彻理解所要学到的理性知识。没有尝试，就无法产生面对新事物的勇气，更何谈主动适应新环境。畏惧是适应力的头号杀手，故步自封只会对新事物手足无措，最终被整个环境抛弃。

敢于接纳未知是一种勇气，敢于尝试新鲜事物是一种胆量，这种勇气和胆量都是培养出来的，不经历学习尝试的过程，永远迈不开尝试新鲜事物的步伐。相对于男性来讲，女性容易产生不敢尝试的胆怯心理，但在现实生活中有很多事物是值得大家放开去享受、去体验的，一旦放弃了这种“权利”，就意味着将无缘丰富多彩的生活，这已不仅仅是提高适应能力的问题了，还是生活质量和生活感受能否全方位体现的问题。

尝试是感悟过程，从感悟上升到理性判断，这才是一个完整的认知过程。尝试可以是直接尝试，也可以是间接尝试（借鉴他人的经验、书本的知识等）。任何学习的过程，都可以看作是尝试的过程。如果放弃了尝试的过程，一是面对新事物的勇气和能力就会大打折扣，二是适应新环境的主动性会降低，进而会产生畏惧和胆怯心理。

就王彤学滑冰来说，父亲第一次讲解要领的方式是对的，但必须要让王彤在实践中去体会和理解所讲的这些要领，这是一个从理论（感悟）到实践的过程。只有她具备了自己的实践经验，才能很好地理解父亲所讲的理论，才能更清楚地认识到自己的实践体会与父亲的理论指导的差距是什么，才能明确下一次实践应该着重解决什么问题。

在这个实践过程中，出错是正常的，差错对接下来的学习大有帮助，但父亲想用自己所谓的“正确理论指导”，让王彤一步到位学会滑冰，三番五次阻止了她尝试的过程，让她丧失了感悟、提出问题的机会和权利，最终因恐惧感而形成逆反和叛逆心理，不愿再尝试类似新事物。王彤母亲学开车也是被父亲剥夺了尝试和感悟的权利，令她对学开车这件事心生厌烦，再也不碰车了。

中国的俗语“失败是成功之母”讲得非常有道理。家长适当引导孩子时，一定要让孩子大胆地去尝试，鼓励其接受失败，不畏惧失败，要鼓励孩子从他们的内心世界出发去体验未知的世界，不能以成人心智去桎梏孩子的心智，否则就会影响孩子的想象力、拓展力、创新力以及适应力的发展。不仅对孩子，对任何人，尤其是女性，我们的家庭关系都应该提倡去尝试、接受新的事物。此外，女人尤为需要男人的鼓励和支持，只有这样，脆弱心理才会有所改善，抗挫折力和适应力也会有所提高。

专家寄语

心态脆弱、抗挫折力差是当今女性普遍存在的问题。抗挫折力主要与人的耐受力有关，耐受力又与适应力有关，所以抗挫折力就是适应力的问题。要想提高适应力，首先要尊重现实，接受现实，排斥、抗拒现实的人，终会被现实所打击、伤害。“悦纳现实，顺其自然”，是提高抗挫折力、适应力，打败脆弱心态的制胜法宝，同时也要记住“不经历风雨，怎能见彩虹”。

减压

第三课 拨开抑郁之云

你是不是这样的女子？

1. 总是闷闷不乐的样子，很少有开心的事。
2. 回到家就不愿出门，见谁都懒得打招呼。
3. 朋友很少，几乎没有知己。
4. 整天感觉乏力疲惫，精力体力不支。
5. 只关注自己感兴趣的人和事，对其他人和事缺乏热情。
6. 不愿过多和人交往，喜欢一个人独处。
7. 付出的多，索取的少，但依然得不到承认和认可。
8. 常被人误解，但也不想争辩、解释。
9. 即便抬着头走路，也不在意沿途风光。
10. 时常安静地待着，但脑袋一片空白。

抑郁情绪几乎人人都会有，没有谁生来就只有幸福、快乐的感受，而没有痛苦、悲伤、情绪低落的感受的，烦恼、忧愁会时常干扰着我们的生活，这很正常。因一时的失意或打击，困惑几天，难过几日，没多久也就过去了。但有些人不行，尤其是天性敏感的女性，往往容易沉浸在痛苦、烦恼和悲愤的情绪之中，有时连自己都说不清楚为什么，无缘无故地焦虑、烦躁，严重者甚至会发出这样的感叹：活着真没意思，生不如死！

你要警惕！抑郁是什么？

抑郁是以情感低落、哭泣、悲伤、失望，活动能力减退，思维、认知功能迟缓等为主要特征的一类心理障碍。抑郁症就是程度严重的抑郁情绪，又称情感性精神障碍或以显著的心境低落为主要特征的精神障碍，常伴有相应的思维和行为改变。

抑郁是极为常见的心理疾病。有抑郁心境的人占世界人口的 10% 左右，其中自杀率高达 12% ～ 14%，位居各类心理和精神障碍之首，号称“第一心理杀手”。

抑郁的人都有痛苦的内心体验，总把自己看成是“世界上最痛苦的人”。抑郁情绪会给工作和生活带来不同程度的影响，轻者幸福快乐指数降低，中度者郁郁寡欢、闷闷不乐，重者则会患上抑郁症。

1. 性格内向，少言寡语

抑郁的突出特征是性格内向，少言寡语。即便过去是个阳光开朗的人，一旦被抑郁心境所困扰，也会变得郁郁寡欢、愁眉不展，整天觉得压力很大，活得很痛苦，甚至有悲观厌世的情绪。

小淑今年32岁，在一家事业单位工作，并且有个挺不错的家庭，丈夫在机关工作，儿子7岁，聪明伶俐，乖巧可爱。但是，事业家庭都幸福的小淑平时很少有笑脸，总是闷闷不乐的样子。了解小淑的人都知道她人很好，很厚道，从来不多言多语，就是性格有点内向，不太愿意主动和人沟通交流。

据小淑的丈夫讲，他特喜欢小淑的淑女气质，谈恋爱的时候就发现她不太愿意说话，当时认为她是矜持内向，女孩子嘛，这样也好，比那些生性张扬的女孩强多了。然而，后来发现小淑不仅内向，而且很少有特别高兴的时候，经常是满脸乌云，愁眉不展，并喜欢一个人独处，总感觉在生谁的气。

2. 没有特别感兴趣的事

每个人都有自己的爱好。对于女性而言，有的喜欢美容、化妆、练瑜伽，有的热衷于和闺蜜逛街买衣服，有的愿意待在家里做家务……然而，有抑郁倾向的女性情感淡漠，对人对事都提不起情绪，除了必须要完成的固定工作和日常家务以外，没有特别感兴趣的事，只想宅在家里“享受”孤独。

其实，她们并不是真的愿意“享受”孤独，而是对任何事情都打不起精神。对其他女性关心的时尚购物、带孩子做家务、跟婆婆“斗智斗勇”等话题，都不感兴趣。她们的关注点往往非常单一，有的只在乎工作任务，有的只对接送孩子上心，有的只想着做好饭……除此以外，对其他事物一概不闻不问，而这往往会引起家人的反感，导致家庭关系紧张。

小淑没有特别喜欢、特感兴趣的事，几乎没什么爱好，她也承认自己是个不太会享受生活的人。丈夫和她正相反，只要是玩的东西都喜欢，打球、跑步、爬山、郊游、看电视剧、玩手机游戏，就没他不喜欢的，小淑嫌他不务正业，像长不大的孩子。小淑主张人要有上进心，要以事业和家庭为重，游戏娱乐是没意义的事情，首先是把工作做好，不一定非要作出什么名堂，但要尽心尽力；其次是把生活搞好，一日三餐，洗洗涮涮，这才是正事。丈夫不这样想，他认为事业、家庭、娱乐都不能少，否则人就成了机器，还有什么幸福快乐可言。

他们是各说各有理，谁也说服不了谁。小淑一会儿都放不下她的工作，尽管只是一位普通员工，也谈不上什么轰轰烈烈的事业。而丈夫在八小时工作以外，不是打球，就是出去和朋友吃饭聊天，周末还经常带孩子爬山、逛公园，小淑对此却不屑一顾。

3. 闷闷不乐，情绪低落

有抑郁心境的女性，由于情绪低落，总是少言寡语，沉浸在自己的内心世界里，久而久之便会形成一种行为习惯，那就是以不悦应万事。不论大事，还是小事，也不管工作上的事，还是家务事，她们的态度都一个样——不悦。

谁都不知道她们是否有高兴的时候，因为表情几乎千篇一律，就是闷闷不乐、垂头丧气。不熟悉的人可能认为她们只是一时生气，但经常在一起的家人、同事，就很难接受这样整天压抑着的情绪，因为她们总是散发不悦的气息，营造出愤懑、痛楚的氛围。

要说给这个家庭带来最大不快的还是小淑的情绪问题。7岁的儿子喜欢和小淑的丈夫在一起聊天玩耍，不愿意和小淑亲近，不愿看到她总是阴沉着的脸，经常在背后说她不可爱，像个凶神恶煞。其实小淑很疼爱孩子，但这种疼爱以关心孩子吃穿起居为重点，而对孩子的情感需要，小淑感觉给予的不多，似乎也不知道该怎样给予。

一次一家三口正在吃饭，孩子看到小淑又板着脸，好像在生谁的气，张口就说："妈妈的脸色真难看，你又在生谁的气呢？"这话一下就惹怒了小淑，她猛地站起身来，"啪"一下把碗摔在地上，甩袖而去，身后传来孩子的大哭声和丈夫的安慰声。她想不通孩子为什么那么讨厌自己，总看自己不顺眼，难道是自己做错了什么？

每当遇到这些生活中的小摩擦、小矛盾的时候，她总是用这种歇斯底里的方式来回应，似乎只有这样她才能舒服一些、放松一些。

4. 不愿与人交流

有抑郁心境的女性不愿与人交流，即便是原来的朋友，也不想多来往，有事都闷在心里，而且还害怕别人知道自己的秘密，总在极力掩饰内心的痛苦。

有抑郁心境的女性封闭自己的主要原因有两个：

一是她们过分关注自己的内心，注意力集中在自我的情绪和情感体验上，分不出精力去关注别人或外界的事物。

二是她们的潜意识很清楚自己的情绪情感特征，完全内向型的思维、处事方式使她们排斥与外人交往，也就是说，她们很害怕与外人进行深入的沟通。她们非常清楚自己的能力，简单的交往还能勉强为之，一旦深入接触，就无力应付。

因此，有抑郁心境的女性几乎都把交往设定在极其有限的范围之内，不会给对方留有深入的余地，否则就觉得自己身处不利，漏洞百出，这也是她们保护自己的"有效手段"。

其实，小淑不仅家庭关系出现了问题，职场人际交往也并不顺畅。她几乎从不主动跟人打交道，更害怕和陌生人说话，遇到陌生人的第一反应就是回避。

小淑最初从事档案资料管理工作，但前来查资料的不止是本单位的人，还会有外边的人，而小淑对不熟悉的人比较抵触，服务起来有些生硬。鉴于这种情况，领导把她安排到后勤部门做保管工作，这对她是再适合不过了，她就喜欢这种“对事不对人”的工作，只要不和人打交道就行。

5. 小题大做，易钻牛角尖

抑郁心境往往伴随有偏执性思维，这是抑郁状态的共同特征。为什么抑郁和偏执会共生呢？这是因为抑郁的性质是内向性反应，即只在内心作出反应，而不与客观进行对照，不查验自己的内心反应是否正确和符合客观实际，这是抑郁的突出特点。由于反应机制是内向性的，没有对照和类比，没有可供参考的依据，认识的形成完全建立在内向性反应上，只有一个思路，一种模式，因此偏执认识也就同时生成了。

偏执认识一旦形成就非常顽固，这是因为它没有任何可以参考的路径。就像黑夜里靠车灯行走的汽车，驾驶员只能看清一条路径，即便其他方向有多条道路，甚至是更加方便、快捷的路径可供选择，但由于黑夜对视力的局限性，驾驶员只能按照车灯照亮的路径走，因而也就容易“一条道走到黑”，钻进死胡同。

有抑郁心境的女性常常被偏执性思维所羁绊，表现出来就是小题大做，易钻牛角尖。但是，她们自己是意识不到这个问题的，所以当受到顶撞，或者遭受自认为不公的待遇时，她们就会像黑夜里的驾驶员，按照自己所能“看到”的景象“走下去”，争辩到底。

有一天，孩子不小心把一件小淑刚洗好的衣服碰掉了，但佯装没看见，小淑非常气愤地质问他：“为什么不把衣服捡起来！”孩子说：“我一会儿再捡还不行吗？”“一会儿捡是什么意思？你就是不想捡！要是你爸的衣服，你早就乖乖地捡起来了，对不对！”小淑恼羞成怒。孩子委屈地说：“不是，我知道衣服掉地上了，我就想一会儿再捡。”

就是这样的一件小事，小淑非说孩子的品行有问题，不拿别人的东西当回事，不尊重别人，这样下去会成为问题孩子。丈夫觉得这点小事不至于发这么大火，说孩子两句不就完了吗？何必还上纲上线，又是问题少年，又是品行有问题，说得太过严重。可是，小淑觉得这是件大事，从小事就能看出孩子长大了会是什么样。小淑总是这样小题大做，不仅跟孩子是这样，在单位也总是记着同事之间发生的小事，觉得别人针对自己，处理不好同事关系。

知识驿站

抑郁看起来与“内向”有关，其实，抑郁不仅仅是内向，主要是心境低落造成的一系列情绪情感反应。

抑郁的主要表现是：

（1）对日常生活丧失兴趣，无愉快感。

（2）精力明显减退，无原因的持续疲乏感。

（3）自信心下降或自卑，有内疚感。

（4）失眠、早醒或睡眠过多。

（5）食欲不振，体重明显减轻或加重。

（6）有悲观厌世的情绪或行为。

（7）性欲明显减退。

（8）注意力集中困难或下降。

（9）联想困难，自觉思考能力显著下降。

你可知道？抑郁从何而来？

1. 不和睦的家庭关系

家庭关系最需要相互间的交流、沟通和尊重、理解，沟通的方式方法很重要，女性在这方面应该最有优势。但是，人与人之间的交流方式有很大的差异，这与个性等因素有关。

交流是为愉悦家庭关系、解决家庭矛盾服务的，家庭成员应该尊重彼此间不同的交流表达方式。如果个性化的交流方式没有给家庭关系带来愉悦的感受和幸福的结果，那就要检查自己的交流方式是否存在问题了，而这是每个家庭都会面临的问题，也往往是产生抑郁的重要诱因。

小淑的父亲很固执，固执到近乎冷酷无情，在小淑的印象中父亲永远是愤怒的样子，她觉得父亲离自己很远，没有丝毫的亲近感，也不知道什么是父爱。小淑的母亲性格温和，但对她也是多有抱怨和指责，很少给予鼓励和肯定。在小淑的眼里，父母并不相爱，冷战是他们主要的生活状态，她从来没见父母开过一次玩笑，就连说笑的时候都很少。小淑的母亲几年前就去世了，而父亲似乎不喜欢她，每当需要父亲帮助的时候总会被拒绝或否定，她还有个弟弟，但基本上不来往，跟其他亲戚长辈也少有联系，她觉得和他们没什么话可说。长此以往，小淑封闭了自己的感情，无论遇到什么困难，都不会寻求任何人的帮助。

小淑小时候非常活泼开朗，但随着年龄的增长，她开始变得不苟言笑、冷漠孤僻，而且痛苦和烦恼越来越多，有时会莫名其妙地气馁惆怅、发火动怒。从上学开始，小淑就没交过一个知心朋友，甚至不愿意和任何人说话，这种心境一直持续到现在。小淑总是会因为别人无意的一句话或一个举动而恼羞成怒，其实她也知道是自己脾气不好，但无法控制。几乎每天都会发生让她烦心的事，但她自己也说不清楚为什么烦恼，就只是觉得心烦，而且看见谁都烦，没有哪一件事情能让她高兴，有时甚至会觉得生命没什么意义，假如重生一次，她宁肯去当动物，那就不会有烦恼了。

小淑的抑郁情绪最早可以追溯到孩提时期，从刚懂事起就已经被不和睦的家庭关系所影响了，这是她人生最大的悲剧，而这一悲剧的始作俑者就是小淑的父母，由于不懂孩子的成长规律，不懂有效的家庭沟通方式，在小淑的成长过程中造成了负面影响，使得她感受不到来自家庭的支持与关怀，不懂如何沟通交流、宣泄压力，因此逐渐随着压力的增加而陷入抑郁的困境。

2. 冷淡的家庭情绪情感特征

一般来说，我们忽略遗传因素对抑郁情绪的影响，虽然这种先天的遗传性影响是客观存在的，但因为追究这种影响没有实际意义，所以，我们把更多的关注点放在后天成长过程中潜移默化的影响上。

情绪情感特征是人在认识客观事物过程中所形成的相对稳定的态度特征。顺利完成工作会轻松愉快，失去亲人会悲伤痛苦，面对挑衅会激动愤怒，遭遇危险会惊恐惧怕……美好的事物总是让人产生愉悦的心情，丑陋的现象往往让人心生憎恶，所有这些喜、怒、哀、乐的情绪体验就是人的情绪情感，是人对客观事物的一种独特反映，是对认识过程的总结和提炼，既依赖于认识，又反过来影响认识。

家庭也是有情绪情感氛围特征的，每个家庭都有自己独具特点的情绪情感特征，说白了就是父母给家庭营造的情绪情感表达特征。有的家庭其乐融融，父母关系和睦、恩爱有加，营造的家庭氛围就很健康，情绪情感表达的特征也非常完美，成长于这样的家庭氛围中的孩子心理健康，阳光开朗，不会出现抑郁特征。而有的家庭父母关系紧张，整天不是争吵就是打闹，不是欺骗就是背叛，在这种家庭氛围下成长的孩子，长大了性格变异是一定的，而且人格也会扭曲，产生各种心理问题。因此，冷淡残酷的家庭关系，一定会影响孩子的身心健康，这已是不争的事实。

小淑的情绪情感世界是怎样的呢？毋庸置疑，从她学着理解和认识世界的那一天起，就在父亲变异情绪的影响下畸形成长着，她愉悦的时候父亲板着脸，她兴奋的时候父亲铁着面，她有事想请教父亲的时候得到的可能是一顿数落，她有话想跟父亲说的时候换来的也许是训诫或指责。

久而久之，可怜的小淑只能用沉默来保护自己，因为她已经没有办法和最亲近的人交流，与人交流的兴致和愿望也被伤得“体无完肤”。更可悲的是，父亲在她情绪情感的最深处留下的是无法抹去的冷酷和无情，就像投影成像烙印在小淑情感记忆的深处，这种记忆是嵌入式的，不可剔除，久住在潜意识里。所以，小淑的情绪情感表达会无意识地借鉴和模仿父亲的表达方法，被再造成一个酷似父亲性格的人。

家庭情绪情感不健康，比如，父母只顾自己的感受，给孩子过多批评，很少有表扬；过多注意孩子的缺点，很少发现优点，还自认为这样是为了孩子长大后不至于因为那些缺点、问题而犯错。其实，这样违背了儿童的心理成长规律，孩子长期处在受训和不被承认的状态下，其正常的情绪情感就会被压抑，积累的压力也就无处宣泄，最终就会产生抑郁心态，不管干什么都没有快乐的体验。

孩子在成长过程中肯定会伴随各种疑虑、矛盾和问题，这是必然的，解决这些疑虑、矛盾和问题恰恰是成长的必修课。如果父母不允许孩子出问题，或者总是以训诫、批评、斥责的方式加以解决，孩子长大后或者回避矛盾，不敢面对困难，或者没有能力解决问题，进而拒绝成长、拒绝面对，甚至封闭自己，就会产生抑郁心态，如果压力不断增大，甚至会患上抑郁症。

3. 消极的家庭态度特征

态度决定命运，一个人的态度对其一生有着重要的影响，那到底什么是态度？态度又是怎样形成的？

态度是指一个人对一定对象作出的比较固定的综合性心理反应，是一种比较持久的个人内在心理结构，它的形成与心理的成长是同步的。一个人在成长的过程中与周围环境相互作用，逐渐形成了自己的世界观、价值观，形成了对周围的种种态度。

态度的形成主要有三个因素：

一是个体需求的满足度。态度总是针对一定的对象（人物、群体或事件），这些对象对个体的意义，也就是满足个体需要的程度，是态度形成的主要因素。事物对人的意义及满足程度也就是事物对人的价值，这些价值是态度的核心，人们对事物的态度，正是取决于事物对人们价值的影响，价值不同，态度就不同；价值观不同，态度也就不同。

二是环境因素的影响。一个人的成长离不开环境，在家庭和社会生活中，一个人的表现必须符合环境的规范，不管这个环境的规范是否科学，也必须遵循这些规范，否则就会遭受压力、拒绝或者排斥。为了避免遭受这些孤立和排斥，人们往往作出从属行为，随环境形成与环境规范相一致的态度，有时这些态度可能是逆反的，或是不情愿的。

三是认知的影响。态度不是天生的，是后天习得的。对态度的学习从婴儿时期开始，一直延续到生命的终结，会受社会、文化、教育等多方面认知的影响，也即“态度是个体经历与文化积淀的产物”。

与家庭的情绪情感特征一样，家庭的态度特征对人的影响也非常重要。父母营造的积极阳光、宽容大度、开放平和、尊重理解、热情友好、互敬互爱、务真求实的态度特征，会对孩子有着非常积极健康的影响，反之则是消极负面的影响。而且，这种影响是潜移默化的，主要通过言传身教一点一点渗透给孩子，一旦形成便是植入性的，会影响孩子的一生。

从家庭态度特征来看，小淑受到的影响大都是消极悲观的，父母很少肯定和鼓励小淑，尤其父亲还常用“将来一定是个废物”“一辈子吃苦受穷”“长大了没有前途”等侮辱性的语言进行所谓的“激励教育”。这样负面的家庭态度特征对小淑的伤害是巨大的，极大地摧残了她的自信心，从小她就胆小退缩，做事总是前怕狼后怕虎，没有自己的主见和恒定的信念，以致如今的小淑总是喜欢消极地看待事物，也不对自己抱任何希望，认为自己干什么都注定要失败。

单位的女同事经常积极地讨论如何养生保健，希望以健康的身体面对工作、享受生活，小淑却常常想如果得了病会是什么样？家人会照顾她、心疼她吗？或者大家都积极地畅想未来，心怀希望，并为此付出努力，而她觉得希望是个很模糊的东西，自己一直生活在没有希望的人生当中。小淑这些消极的生活状态，正是家庭态度特征影响下的潜意识告诉她的“事实”。

从小淑的情况来看，她的父亲一贯采取简单粗暴的态度方式，直接遏制了小淑早期态度的形成，后来随着小淑年龄的增长以及心理的成熟发育，到了懂事的时候，她的态度对象和态度模式正处于复杂化、多样化的时候，却依然受到父亲粗暴、母亲冷淡的家庭氛围的影响，使其成长中的人格发生变异，最终导致消极的态度特征逐渐和价值观、世界观相联系，并变得越来越稳定和牢固。

可见，家庭态度特征对一个人的心理成长非常重要，消极的家庭态度特征会扼杀人的成长积极性和主观能动性，并会一直持续，甚至恶化到面临更多压力的成人阶段。

婷婷从小跟着姥姥长大。姥姥是个孤言寡语的人，从来不喜欢表达真实的感情，好像总是很压抑的样子。她虽然把婷婷照顾得很好，但从来不和她交流感情，只是一味地保证她吃好穿暖。婷婷长大以后，和姥姥并没有很深的感情，倒是有样学样地对姥姥嘘寒问暖，但脸上一点表情都没有。

后来，婷婷的父母发现她不只对姥姥是这个样子，对别人的态度也很冷漠，并不是不关心，只是关心的方式让人有点接受不了。比如，父母让她帮忙拿点东西，她也会帮忙，但会给人以不情愿且很抗拒的感觉。父母觉得婷婷的性格完全不像自己，而和她姥姥一对比，发现她们俩还真有几分相像。原来，婷婷受到了姥姥冷淡性格的影响，最终形成了酷似姥姥的态度特征。

4. 个体性格缺陷

除了遗传和家庭环境的影响之外，其实还有一个导致抑郁的重要因素——个体性格缺陷。现代女性最常见的性格问题就是做事追求完美和极致，办事认真，讲求原则，高标准、严要求。大家一定很奇怪，这些都是优良的品质行为表现，怎么会影响健康心境呢？

小淑是一个追求极致和完美的人，做事过于认真，对人对事要求很高，凡事执着，情绪易激动。工作中总是看不惯别人的工作状态，别人装订的档案材料她嫌不规整，别人干活她嫌太慢……同事都觉得虽然小淑干活既快又好是公认的，但不能说你自己干得好就把别人都否定了吧？在家里小淑也是这样，丈夫做点事她挑剔这嫌弃那，孩子干点活她也觉得这不顺眼那看不惯。长此以往，大家就都不乐意了，甚至产生对立情绪，你什么都厉害，那就“你行你上”吧！小淑心里也不舒服，别人做不到自己的要求已经挺心烦了，还要被排斥和敌对，心里就更郁闷了。这些性格缺陷加上冷淡的情绪情感特征、消极的态度特征，使得她无法宣泄压力，在抑郁的困境中无法自拔。

追求极致和完美，做事认真是好事，但凡事都有个度，过分追求就可能会变成坏事，并且完美和极致本身是不存在的，是可望而不可即的一种象征，是人们的一种美好愿望。我们可以尽量做得更好，但不可企及完美，在心理层面更不提倡追求极致。

在现实生活中，如果事事都按这种理想和愿望去追求，就会演变成一种心理问题——强迫和抑郁心境。有强迫和抑郁心境的人一般都活得很累，在他们眼里事事都不尽人意，始终在追求极致和完美中挣扎着，但又永远都得不到，所以会倍感伤心和失望，承受着比别人高得多的负性情绪和压力。

执着、认真、讲原则、严要求和追求极致完美是不一样的，原则不能不讲，认真不能不要，但完美极致的目标要有个限度，这样才不至于“郁郁而不得志”。

你能做到！拨开那朵抑郁之云

1. 舞蹈运动法

身动才能心动。对有抑郁心境的女性来说，身体动起来是非常关键的，身体的运动可以带活僵硬的思维，这是一种反向带动法。人的行为是由思维控制的，先有想法，后有行动。抑郁的人的想法是僵硬的、单一的，从而导致后续的行为也是迟钝的、简单的。想要改变抑郁的人的思维是很难的，但改变其行为并不难，只要走出去、动起来就能实现。所以，从改变抑郁的行为入手，推动抑郁思维的改变，就成了改善抑郁心境的最主要手段。

对于女性来讲，一般的运动项目不太容易接受，不像男性本身就好动，但舞蹈对女性有种天然的吸引力，是缓解女性抑郁情绪最有效的运动方式。只是对有抑郁心境的女性来说，接受依然是个不小的问题，不是对舞蹈这项运动的排斥，而是本身就不愿动，不愿和外界多接触，这是个核心问题。这就要求女性本人一定要突破自己，要强迫自己参加这项运动，如果自己缺乏主动的话，家人一定要积极配合、鼓励支持。抑郁心境的改善需要他人的共同推动和帮扶，哪怕让几个好友带着出去走走，或家人直接陪同参与集体舞蹈，只要有个外力给予支持，一般的抑郁心境都会被带动起来。

小淑家楼下每天都有一大批中老年女性在跳广场舞，她们翩翩起舞，有说有笑，热闹非凡。在丈夫的撺掇下，小淑不情愿地参加了广场舞，之后多次不想参加，但都被丈夫拽了出去。没多久奇迹就出现了，小淑逐渐找到了感觉，越跳越投入，越来越喜欢，后来还主动参加了一个集体舞培训班，现在她完全变了个人，体态轻盈、步履矫健、精神饱满，十分有活力，浑身上下透出一股朝气，和跳舞之前简直是判若两人。

舞蹈可以把人带入一个身心愉悦的境界，能让人找到自信和快乐，重新找回轻松的感觉。其实，不只是舞蹈运动，其他运动项目如郊游、爬山、游泳等，都有利于抑郁情绪的缓解。关键是一定要动，而且最好是集体室外运动。只要坚持不懈，抑郁情绪一定会有彻底的改善。

2. 交往交流法

交往的过程就是互动的过程，交往不仅仅是语言的沟通交流，更重要的是思想意识的沟通交流。在改善抑郁情绪过程中，交往的主要功能是推动意识的交流，只有意识动起来，人的精神和心情才会变好。

抑郁的人在初期交往过程中是非常被动的，一是不想交往，不愿沟通，连话都不愿多说；二是看见人多就心烦，不愿去人多的地方。解决有抑郁心境的女性的交往被动状态有两步程序：

第一步是环境带动。最好是朋友、同事的带动，有意识地将有抑郁心境的女性拉进大家的交流圈子，也不用特意针对她做什么，只是强拉进来就可以。无论吃饭逛街，还是谈话聊天，都要拉着她一起参与，虽然她肯定是回绝和逃避的态度，但是大家不要心生厌烦，也不能轻易放弃，只要过了一定的周期，她就会慢慢适应。

第二步是学会倾听。有抑郁心境的女性在加入群体交流的时候，要从倾听开始锻炼，不用急着发表意见。此外，不要轻易脱离集体，哪怕这个集体只有两个人，也不要轻易放弃交流的机会。在倾听的过程中，内敛的抑郁心情会逐渐被外界的信息所“浸染”，会有新鲜空气飘进心田的感觉。随着外部信息的逐渐增多，抑郁心境就会逐渐降低，自己想主动获取外部信息、与外人沟通的欲望也会逐步增强，只要持之以恒，形成意志和习惯，抑郁心境将会被彻底清除。

小淑在舞蹈和交往的带动下，心理开始趋于积极开朗，脸上也逐渐绽开笑容。孩子对她的评价是终于有笑脸了；丈夫说她的进步很明显，所有的喜悦和欢笑都是发自内心的；小淑自己的体会是心态不悲观了，也愿意和人交往了，终于有了幸福愉悦的感受，这是她最大的收获，也是从未有过的体会。

喜静不喜动是抑郁情绪最突出的特点，不光是身体不愿动，连脑子都懒得动。但是，再不愿意动，也必须得动起来，多运动、多交往是改变抑郁情绪最有效的方法。

专家寄语

女性的抑郁情绪普遍高于男性，尤其到了中年以后，抑郁情绪会越来越明显。解决的方法很简单，就是走出去、动起来，到快乐的集体中去，参与运动，积极交流。只要能做到运动和交往，多重的抑郁情绪都能一扫而光。

减压

第四课

拨开焦虑之云

你是不是这样的女子？

1. 遇到事情总往最坏的方面去想。
2. 过分关注自己的身体，总怀疑会有某种疾病缠身。
3. 遇事总是紧张，心里装不下一丁点事情。
4. 一点小事也会让自己情绪失控。
5. 总担心有什么意外发生。
6. 喜欢来回走动，像是在思考问题，其实什么也没想。
7. 年龄不大，但注意力很难集中，且记忆力明显减退。
8. 对一般性的刺激比较敏感，比如冷热、声光电，等等。
9. 睡眠不好，或有梦魇，甚至彻夜不眠。
10. 常有口干、胸闷、心悸、尿频、耳鸣等症状。

焦虑是一种比较常见的情绪问题。焦虑的人很容易因为一点儿小事就心悸、心虚、恐惧、紧张，比如，联系不上家人就会格外担心害怕，总是往坏的方面想——是不是出车祸了，还是遇上坏人了？一会儿趴在窗边眺望，一会儿跑到楼下张望，急得像热锅上的蚂蚁，直到家人安全到家，一颗悬着的心才能落下来。焦虑的人一天到晚提心吊胆，紧张兮兮地过日子，心里装不下事，昨天借了别人一支笔，今天就必须买了赶紧还上，好像晚几秒就会得罪别人；邻居亲友感冒头疼，也是不得了的大问题，却总担心他们是不是身患绝症了……

你要警惕！焦虑是什么？

焦虑一般表现为莫名的恐慌和忧郁不安，常伴有运动性不安和躯体不适感。焦虑有急性和慢性之分，急性焦虑表现为某一急性事件后的创伤反应，如遇到重大突发事件后出现的惊恐、心慌、出汗、面色苍白、两手发抖等症状，其发作可持续几分钟或几小时，但发作过后一般会恢复正常。慢性焦虑则表现为经常性的心悸、烦躁、忧郁、易激惹，稍遇刺激或麻烦就不能忍受，甚至大发脾气。

1. 自我感觉躯体不适

焦虑症与焦虑情绪不同，它是无缘无故且没有明确对象和内容的焦急、紧张和恐惧，它的恐惧指向未来，预感到某些威胁即将来临，但又说不清楚究竟存在何种威胁或危险。焦虑症除了呈现持续性或发作性惊恐状态以外，一般还伴有某种躯体症状，如心脏的不适感觉、植物神经系统紊乱等。

自我感觉躯体不适的具体表现包括：心悸、心慌，胸闷、气短，心前区不适或疼痛，心跳和呼吸加快，全身乏力，生活和工作能力下降；失眠、早醒、梦魇等睡眠障碍或消化功能紊乱；手抖、手指震颤或麻木感，阵发性潮红或冷感，月经不调、停经、性欲减退，尿意频急，头昏、眩晕、恐惧、晕厥，等等。

然而，在过去有限的医疗条件和心理医学知识相对匮乏的情况下，有很多心理疾病被误诊为躯体疾病。比如，焦虑症从症状上看很像心脏病发作，实际上那不是心脏的病理性变化，而是焦虑症的惊恐发作伴有心脏躯体化反应，但患者普遍被诊断为心脏病，而忽视了真正的心理问题。

易秋28岁时就查出患有“心脏病”，每年住院至少3个月，打针吃药无数，去医院都成为习以为常的事了，40年来要是有一年不犯病，那绝对是破天荒的事。易秋发病的时候，气短心悸，脸色苍白，浑身发抖，大汗淋漓，上气不接下气，到医院检查却显示心电图指标基本正常，但因为易秋是个老“心脏病”患者，所以医院还是按常规心脏病进行治疗。

易秋“心脏病”的帽子一旦戴上，谁也不敢轻易摘掉，一犯病，首先怀疑的就是心脏问题，这些年来也一直按心脏病来治疗。后来，经心理专家会诊后，得出了易秋是焦虑症的惊恐发作症状，而非心脏病的诊断结论。戴了40多年冠心病的帽子一下子摘掉了，易秋又高兴又难过，高兴的是真正的病根查出来了，而且焦虑症的惊恐发作不是大病，和心脏病比起来是小巫见大巫；难过的是40年来一直认为自己是心脏病，动不动就抢救、住院，打针吃药受了不少罪。

2. 期待性的危机感

一般情况下，人们在面对困难或面临危险时，都会表现出焦虑反应，这是正常的心理反应，只有当焦虑的程度及持续时间超过一定的范围才构成焦虑情绪，甚至焦虑症。

焦虑症多在中、青年时期产生，女性比男性高出一倍，表现为情绪异常焦虑，持续性或偶发性地出现莫名其妙的恐惧、害怕、紧张和不安，有期待性的危险感，也就是既害怕危险，又似乎在等待着危险，预感到某种灾难降临，甚至有濒死感。有的人担心自己会失去控制，或是突然昏倒，或是“发疯”；有的人会同时出现抑郁症状，对目前、未来的生活缺乏信心和乐趣；有的人情绪激动，无故发怒，与家人争吵，对什么事情都看不惯、不满意。

第一次犯“心脏病”后，易秋就特别担心自己的心脏再出毛病，生活起居都特别注意，但仍然每年都要犯一次病。这给易秋增添了不少烦恼和痛苦，心情几乎就没怎么好过，整天忧心忡忡、提心吊胆地过日子。遇事不往好处想，成了她非常明显的性格特点。只要一听说谁生病了，她马上就开始胡乱琢磨：肯定是不治之症，病得肯定不轻。结果别人没两天就康复出院了，什么事也没有，但她从不认为自己的想法不客观。

当年，儿子中学暑假和同学外出郊游，借了父亲单位一个相机，结果把相机给弄丢了。那个年代价值150元的相机，相当于夫妻俩几个月的收入，确实不是个小数目。易秋知道后“心脏病”立刻犯了，她当时认为一切都完了，孩子父亲怎么跟单位交代，这跳进黄河也洗不清，整个家庭都会因丢相机而一败涂地。

3. 精神运动性不安

精神运动性不安是典型的焦虑症状，主要表现为坐立不安、心神不定、搓手顿足、踱来踱去、小动作增多、注意力无法集中，等等，是由脑神经递质分泌不均衡造成的。

造成脑神经递质分泌不均衡的原因很复杂，除了遗传、生理、心理、社会应激事件的影响之外，更重要的一个原因就是压力。巨大的压力会导致一个人的心理失衡，进而会引起一系列的生理失衡，脑神经递质分泌的失衡就是其中一种，能够引发抑郁、焦虑等神经症。

易秋在很早之前就是个坐不住的人，30岁开始就喜欢在屋里走来走去，看起来好像在思考问题，其实什么也没想，家人还以为她是在锻炼身体。直到现在，易秋只要闲着没事，还是不停地在屋里走动。

整天心神不定、心事重重也是易秋的突出特点。她特别喜欢打听别人的事，张家长李家短的，但真见到当事人本人，她却不向别人问清楚。而且，易秋的注意力集中不起来，和别人谈话的时候总是在走神，人家说话她似乎在听着，其实思想早已开小差，说到最后就完全没有互动了。了解她的人都不怪她，总是趁着她还没走神的时候，赶紧把重要的事情说完，但不熟悉她的人会误认为她耳背，每句话都需要给她重复好几遍，沟通很不顺畅，也就不愿意再和她聊天了。

4. 不合理的认知

有焦虑情绪的人大多存在认知方面的障碍，对周围环境不能清晰地感知和认识，思维变得简单和模糊。焦虑情绪的不合理认知有很多种类型，其中敏感和猜疑是焦虑情绪的普遍特点。有焦虑情绪的人善于把问题对立化、情绪化、动机化和矛盾化，在他们看来，别人总是对自己不怀好意，说的每一句话都有“用意”，甚至是别有用心的，有意无意地和自己作对，伤害自己。其实，这是缺乏自信造成的结果。

有位40多岁的机关女干部，又有学历，又有能力，又有经验，但因为脾气大、不合群，总是得罪人。其实，她没什么坏心眼，就是整天紧张兮兮，脾气暴躁，点火就着，别人一句无关紧要的话，她也会对号入座，而后暴跳如雷，在单位是出了名的急脾气。她还有个特点，就是整天跟上紧了弦的发条似的，一会儿都停不下来，刚急急忙忙地放下这个工作，就又风风火火地去干那个工作，从来都不嫌累。

女干部认为自己如此勤恳踏实地工作，也从不使坏心眼，即便有些小问题、小毛病，也只是些枝节问题，应该换来大家的高度认可，可实际上自己却不受大家欢迎，甚至所有人都在和自己作对，为此她很苦恼。其实，正是不合理的认知给女干部带来了困扰，她觉得只要自己没有恶意，一心把工作做好，就应该得到她想要的，却没有认识到自己的焦虑状况很严重，这样的性格缺陷会影响到他人对自己的评价和感受，进而阻碍了人际交往和工作进步。

你可知道？焦虑从何而来？

1. 多年的心理创伤

心理创伤是指在心理层面留下的创伤性记忆，对心理的打击和伤害非常大。多年的心理创伤会积累非常多的负面情绪，导致心理承受能力下降，一旦出现应激事件，脆弱的心理就会“崩盘”。一次严重的应激事件，比如，小时候父母对自己的暴打；经历场面血腥的重大灾难事故；心爱的恋人对自己的背叛……都会对心理造成严重伤害。心理伤害一旦形成，就不容易剔除，会在心理的基础层面留下创伤，甚至会进入潜意识，形成永久性创伤。

心理创伤对人的危害相当严重，对女性来说，更是如洪水猛兽般凶险。男性应对各种应激刺激的能力优于女性，所以对男性来说，程度相对较低的刺激可能都算不上是伤害，但对女性来说就不一定了。比如，男性看了恐怖片会有不适感受，但不会在心理上留有痕迹，而女性会被一个恐怖镜头吓到，且很长时间缓不过劲儿来，严重的甚至会留有心理阴影。

易秋从小在孤儿院长大，一直不知道自己的生身父母是谁，5岁那年被做小买卖的养父母领养，但养父母只是想靠抱养她来冲冲喜，让自己能怀上孩子。

易秋9岁那年，养父母还是没有自己的孩子，于是又收养了一个1岁大的男孩来给他们养老。然而，重男轻女的封建意识在这个家庭十分突出，自打有了这个男孩，易秋就失宠了，什么东西都得依着弟弟，还得帮忙照看，稍有不慎就要受一顿皮肉之苦。当挨打成了家常便饭的时候，易秋开始伺机报复，常常趁养父母不在狠狠教训弟弟一顿，但往往换来一顿更严厉的惩罚。如此恶性循环的家庭关系让她从小就心理受辱，报复心理和叛逆心理都很严重，随时都会产生一股无名的怒气和难以控制的恐惧心理。

18岁中专毕业以后易秋离开了家，从此再也没回去过。21岁那年，她嫁给了一个大她8岁的银行职员，7年后这段婚姻宣告结束，原因是他们既没有感情也没有孩子，而且丈夫还有作风问题。就在那个时候，易秋第一次犯了“心脏病”，从此便戴上了冠心病的帽子，其实这次发病就是惊恐发作，是受到强烈的情感刺激造成的应激反应。离婚两年后易秋再婚，并育有一儿一女，生活过得还算充实幸福，唯一不足的是“心脏病”没有丝毫的改善，几乎是一年一犯。

心理创伤对女性造成的伤害一般分为两个方面：

一是情感伤害。无论何种性质的心理创伤，都有可能伤及女性的情感，这是女性特殊的心理特点所决定的，女性的情感细腻而丰富，情感的触角几乎和心理的触角搭在一起，一旦心理受挫，女性的情感立刻会作出相应的反应。这和男性有着很大的不同，男性的心理往往不搭载情感，完全可以是两条不相交的轨道，心理感受和情感感受是两码事。例如，一个男人出轨时的心理感受是愉悦的，他不会考虑配偶及孩子的情感感受，而女人出轨的心理感受和男人单方面的愉悦是不同的，更多的是生涩和难堪，这和女性对婚姻家庭的情感感受是一致的。因此，当女性遭受心理伤害的时候，受到最大影响的往往是情感。

二是生理性伤害。心理创伤对女性的生理影响非常巨大，而且伤害程度会随着年龄的增加而加重。从一开始的内分泌紊乱，到后来的功能性失调，再往后会发展成系统性的紊乱，最终造成器质性的病变，也就是产生了生理性疾病。相比而言，男性由心理伤害转为器质性病变的概率会小很多，这是男人的心理特点所决定的，“没心没肺”使得男性躲过了由心理伤害转为生理伤害这一劫难。

此外，心理创伤对女性焦虑的影响非常大，这是因为焦虑的特点就是担惊受怕，而曾经的伤害对女性来讲恰恰是刺激的源头。只要刺激源不剔除（心理创伤存在着），就会时刻提醒和刺激女性的潜意识，使其活在诚惶诚恐之中。有的女性自己都不知道为什么活得这么累、这么焦虑，其实就是当年的心理创伤造成了挥之不去的心理阴影。

知识驿站

心理创伤是指超出一般常人经验的事件，通常会让人感到无能为力，产生无助感和麻痹感。创伤的发生都是突然的、无法抵抗的。提到心理创伤，我们就会想到战争、洪水、地震、火灾及空难，等等，其实心理创伤远远不止是这些灾难性事件，在日常生活中长期经历到的忽视、情绪虐待、躯体虐待或者暴力，都会促进心理创伤的形成。

一个刚刚大学毕业的女生小文，家境富裕，衣食无忧，但父亲的性格十分暴躁，经常对她和母亲施以暴力。父亲很能干，所有的家务都是他一个人做，但忙活完了，他就会歇斯底里地发泄不满，这几乎成了一个规律。父亲不管干什么、说什么，小文和母亲绝对不能说“不”，否则他会马上变脸，甚至施暴，她们对此都已经习以为常了。由于长期的精神压抑，小文逐渐产生了畏缩和恐惧心理，心理承受能力很低，遇上一点小事就承受不了。上大学以后这些问题越来越明显，有些同学说她性格不好，这更加重了她的自卑感，再不愿和同学多接触，一直处于自闭状态。有一次，因考试成绩不好被老师点名批评，这下她彻底崩溃了，给父母留下遗书，喝了一瓶安眠药，幸亏发现及时被抢救过来。

2. 习惯性的不良情绪

人人都会有情绪，但情绪到底是什么呢？

情绪是人对认知内容的一种特殊态度，是以愿望和需要为中介的一种心理活动，它包含情绪体验、情绪行为、情绪唤醒和对刺激的认知等复杂成分。所有这些体验、行为和认知等，都与经验积累相关，是社会习得的产物，是一种习惯性的记忆，这种记忆一旦形成就不会轻易改变，它会转化成性格的一部分，用于体现一个人的态度特征，成为情绪的表达习惯。

人的情绪受很多因素的影响，比如，好的信息能给人好的情绪感受，反之则会给人负面的影响，这很容易理解。但是，情绪的表达会有习惯性，有的人面对刺激，反应不会很激烈，情绪表达相对稳定，但有的人情绪波动性很大，难以控制，一点火就着。个体反应方式的差异，一方面是性格不同所致，另一方面就是由于情绪的表达习惯不同，这就是为什么有的人处处事事乐观通达，而有的人却时时刻刻悲观消极的原因。

毕业答辩时，小文、小静和小美分在了一个组，于是把毕业论文都拷在了同一个U盘上，结果临近答辩的时候，小美把U盘弄丢了，而且大家都没有备份论文，这时三个人表现出了三种情绪状态：小文接近崩溃，连死的心都有了，不知道该怎么办，大脑一片空白，一直在谴责、愤懑、怨恨、发泄；小美很沮丧、内疚，觉得对不起小文和小静，让她们也跟着自己受连累；小静虽然遗憾，但态度最积极，她一面安慰大家，一面积极想解决办法，她提议重新写论文，顶多就是两天不吃不眠，没有什么大不了的。最终，在小静的生拉硬拽下，三个人花了两个整天外加一个通宵做完了毕业论文，而且都顺利地通过了答辩。

其实，小静家庭条件很差，父母双双下岗，但家庭氛围却很好，父母都很乐观积极。小静虽然生活很拮据，却从来没有自卑、焦虑、恐惧等不健康的心理，反而具备了积极的习惯性情绪特征。小文很羡慕小静积极乐观的生活态度，她觉得小静的抗挫折能力非常强，从来不把困难当回事，要不是小静，自己根本没法儿毕业。

习惯性的不良情绪对焦虑的影响很大。焦虑情绪是应激性的情绪反应，也即在受到一些干扰或刺激的时候，容易引发焦虑情绪。一般情况下，无缘无故的焦虑是极少见的，多多少少都会有应激性的刺激，比如，看到一件不称心的事，听到一句不顺心的话，闻到一股刺鼻的气味，等等，这些刺激对有些人会构成影响，甚至引发焦虑。如果自身再有一些习惯性的不良情绪，如动辄就恼怒，无事好猜疑，遇事不冷静等，就会加重焦虑反应。本来焦虑是靠外界刺激才引发的，现在自身就有很大的情绪隐患，无“事”就已经很容易生“非”了，有“事”自然会助长焦虑的火焰。

3. 戒备和偏执心理

戒备和偏执心理其实是多年心理创伤的结果，是一种习惯性的情绪积累。人在正常的社会交往中，总会遇到一些和自己意见相反的声音，这是谁都无法避免的，有的人对这些声音不敏感，而且会采取宽容的态度，至少是“有则改之，无则加勉”的态度；有些人不仅不能接受，还会采取对立的态度，因为他们分辨不清这些声音是何种动机，只要不顺耳就会视之为敌，这种习惯性情绪特征是从小就养成的，是幼年心理创伤的一种情绪记忆。

易秋对谁都存有戒心，除了自己的孩子，几乎没有她能信得过的人。平常大家也都相安无事，然而一旦有点小摩擦、小矛盾，一种戒备心理便油然而生，而且还会附带报复心理。事情并不大，对立情绪却不小，有时还相当强烈。比如，和同事平常关系还不错，一旦意见不一致，对方就变成了自己的敌人，从此就对对方抱有成见或敌视，而别人根本不知道发什么了什么事；夫妻之间有点小摩擦，也是马上就变脸，把丈夫往最坏的方面去想，甚至想要离婚，矛盾缓解以后这些想法立刻又烟消云散。

易秋觉得自己承受不了对立情绪，不管是谁，只要对她有冲击，不自觉地就会马上和别人对立起来。有时这种对立是非常内心化的，可能没有明显的对立行为，也不会说出口，只是一种内心的感受，说白了就是生闷气。其实，人最怕的就是压抑过多的情绪，不管是何种感受，最好是表达出来，不想直接表达，也可以间接表达，开玩笑也行，调侃也行。尤其在面对不同的观点或负面情绪时，最好能将自己的真实感受适度地表达出来，这样人的心态会平和很多。

知识驿站

典型焦虑的人善于用文字诠释自己的悲观消极情怀，就像近代悲观主义哲学大师叔本华，悲观焦虑几乎是他整个人性的基础，但就在这样的基础上，他却创造了震撼整个欧洲历史的人本主义哲学体系和富有悲观主义色彩的哲学人生。女性容易多愁善感，一旦形成焦虑情绪，便会扩展到生活的方方面面，适度的焦虑可以激发潜能，发挥才华，但是过度的焦虑却会对生活造成障碍。

一个小学女教师对谁都有一种戒备心理，就连自己的父母也不信任，40 岁了仍然没结婚，她的父母由于性格不合，一直吵吵闹闹，女教师从小目睹这种“硝烟弥漫”的家庭战争，对婚姻充满恐惧，认为婚姻就是两口子的战争。再后来，她开始怀疑所有的人，在她看来，夫妻都没有真诚可言，其他关系就更不用说了。这位女教师抱定了独身生活的信念，也很少和朋友交往，每天只是完成自己的分内工作，然后就回家看书、写作，并且出版了两本散文集。读她的散文能够感受到她内心的空寂和对真诚、爱的向往，同时也彰显出她过人的才气和悲观伤感的焦虑情绪。

你能做到！拨开那朵焦虑之云

1. 认知调整法

前面我们已经说到，有焦虑情绪的人几乎都有认知方面的缺陷，习惯于内敛性思维，即以个人的情绪情感为中心的封闭式思维；都有“主观克己，客观利他”的意识特征，即主观上对自己要求很“严格”，而客观上对他人很“宽容”。

为什么把“严格”和“宽容”都加了引号呢？这是因为焦虑者对自己的严格和对他人的宽容，都不是真正意义上的严格和宽容，而是认知缺陷造成的假象，是为了极力保护自己，或显示自己人品高尚、心地善良。实际上，他们担心的依然是自己的利益得失，为了自己真实的利益而采取了“克己”和“利他”手段，但这又是与其根本意愿相违背的，所以最终的结果往往让他们表现出怨恨和不满，有时这种情绪还相当严重。在他们看来，自己从不计较利益得失，对外宽容大度，结果却是别人总和自己作对。这种认知具有很强的蒙蔽性，很容易混淆是非、颠倒黑白，有焦虑情绪的人善于拿它做护身符，以此来说明自己的清白和无奈。

认知调整就是要让有焦虑情绪的人认识到自己认知的片面性，为什么自己会如此喜欢“克己”和“利他”呢？是自己真心之所愿吗？难道不是某种虚伪抑或掩饰吗？自己为什么要虚情假意，这些掩饰背后到底在担心什么？这些问题的提出对焦虑者意义重大，他们中的多数人从来没有否定过自己的认知，从来没有怀疑过自己的认知会给自己带来如此巨大的烦恼和困惑。只有以这些问题来让他们调整自己的认知，正视自己的问题，他们才能接受焦虑的存在，从而有意识地进行干预，减缓压力。

认知调整法主要有两个步骤：

第一步是找出不合理的认知元素。这一步需要别人的帮助，因为主观意识会阻碍当事人看清事实、辨别真相。

第二步是建立正确的认知体系。这是一个矫正过程，需要有正确的样板做参考，只有当个体认识到哪些是对的，哪些是错的，才能不用外界督促，自己也会尽力改变。这一步的关键是保证正确样板的科学合理性，要让当事人心服口服，只有这样，认知的改变才会彻底。

杨玲有一个弟弟，从小她就觉得父母偏爱弟弟，在长达30多年的时间里，一直对父母怨恨在心，对弟弟也是一肚子不满。姐弟俩各自成家以后，她仍保持着习惯性的意识看待自己的家庭关系，认为父母一直在暗中接济弟弟。弟弟后来成了单位的领导，经济条件大为改善，贷款买了两套房子，她也觉得是父母在替弟弟还贷款。在一次和父母的争执中，杨玲忍不住把埋藏在心里的话全说了出来，父母大吃一惊，当时弟弟也在场，一家人把实际情况摆出来，她才发现是自己错怪了父母和弟弟。这些年来，弟弟不仅没花过父母一分钱，还经常接济父母，就连父母的水电费、取暖费、煤气费都是弟弟在承担。

杨玲把小时候父母可能存在的对弟弟的某些倾向性，当成了父母偏心的事实，并在此基础上作出了自认为正确的认知认定，并以此认知指导自己处理往后和父母、弟弟的关系。更为可悲的是，在这种认知的影响下，她的焦虑情绪一直很严重，除了担心，就是怀疑；除了愤恨，就是抱怨，这种痛苦心境一直持续了30多年。在经过认知调整以后，杨玲终于看清了事实真相，也走出了这些年来自己认识上的误区，没有了认知负担，40多岁的她第一次感受到了正常人的心理环境和生活状态，焦虑心境大为改善。

2. 肌体放松训练法

肌体放松训练与瑜伽类似，是心灵和身体一同在放松，一起在调整。肌体放松训练法操作简单，且不受时空限制，只要坚持不懈，就可以起到缓解压力，降低焦虑情绪的作用。一般肌体放松可分为呼吸放松和肢体放松两种。

呼吸放松要求直立或挺坐，闭目入静，全身放松，慢吸气、慢呼气，节奏平稳，意念集中在丹田，要感受到腹部随呼吸张弛有度，甚至要能听到自己的呼吸声。

肢体放松也要求直立或挺坐，闭目入静，全身放松，下颚略往里收，两肩微张。先做下颚划圆运动，让颈椎得以调整和放松；随后做肩肘放松运动，双肘双肩前后划圆，让肘关节和双肩充分舒展和拉伸。

肌体放松训练法遵循的原则是，通过调整肌体的紧张程度，来缓解精神方面的压力感和紧张感。呼吸调整和肢体放松都有令肌体组织舒缓放松的作用，在这个过程中，大脑处于半休息状态，这是焦虑心境的人很难体会和享有的状态，因为焦虑的人就连睡觉都会很累，始终得不到真正的放松和休息。

心理治疗课程中关于治疗焦虑心境的方法中，有专门关于肌体放松训练的介绍，大家可以跟班学习，也可以自学。方法和要点就是尽可能让肌体放松，可以同时听一点舒缓的音乐或大海的波涛声，也可以通过假想去“倾听”这些声音，体会鸟语花香、小河流水的沁人仙境。通过长期的肌体放松训练，一般的焦虑都能够得到有效的缓解。如果焦虑程度比较严重，建议每天早晚各做一次，每次一小时。

3. 系统脱敏法

系统脱敏，顾名思义就是一步一步系统性地脱去过敏反应。系统脱敏法适合知道自己过敏原的人，即了解引发自己焦虑原因的人可以采用这一方法。具体做法是：把过敏原分解成由小到大若干个等级，然后让自己入静，在心静状态下，先接触最低等级的过敏原，试探自己的心理承受能力，如果能够承受的话，再依次接触较高等级的过敏原，逐级完成所有等级的承受能力试验，以最后取得最高级别的过敏承受能力，也即最终战胜对焦虑对象的惧怕。

系统脱敏法的局限性是过敏原必须是可控制的，比如，恐高焦虑（恐高症）可以逐级分解过敏原，先从二楼开始试验，再到三楼、四楼依次递进。有些过敏原不可控制，比如，考试焦虑不太容易分解过敏原，因为不能把考试分成不同的等级，虽然有简单和复杂之分，但自己无法控制。多数焦虑的过敏原是可以分解控制的，只要知道自己的焦虑原因是什么，就可以用系统脱敏法来摆脱焦虑心境。

系统脱敏法是一种专业治疗焦虑的方法，效果很好，但其现实训练需要有专业人员的陪同，没有治疗师的配合很容易出问题。如果在自我脱敏时遇到严重的焦虑刺激，就会出现惊恐反应，这是很危险的不可控的心理状态。因此，最好请专业人士来完成系统脱敏治疗。

知识驿站

很多女性都有恐高焦虑（恐高症），治疗师运用系统脱敏法可以帮助减轻这种焦虑。一般而言，先让当事人站在一楼，这时没有高度，人是不会恐惧的，接下来就跟着治疗师上二楼，如果上楼这一过程都恐慌的话（如果在空旷的、没有任何遮挡的二层建筑，很多女性是不敢上的），就把当事人的眼睛蒙上，由治疗师扶着上楼。到了二楼之后，要先让其调整心情，由治疗师为其慢慢揭去眼罩。注意要慢慢的，不能动作过快，要让当事人有一个相对较长的适应时间，这时一定要有人紧紧拥抱住当事人，以免她在揭去眼罩的一瞬间受到惊吓，发生意外。这一过程一般不会引起当事人的巨大反应，因为毕竟周围有人保护着她。随后，保护她的人慢慢松开搀扶她的手，让她置身于正常的环境中自如交谈。之后再重复同样的步骤登上三楼、四楼、五楼……同时，要配合肌肉放松法和愉快情绪反应，以逐渐增强对恐怖刺激的耐受性，直至对高度的恐怖反应完全消失为止。

可以说，只要明确过敏原，且过敏原可以逐级脱敏，都可以采用系统脱敏法。例如，有的人一到人多的地方就焦虑心烦，这是社交恐惧，也是焦虑的一种表现。社交恐惧的过敏原即为人，并且数量可控制，因此可以采取逐级脱敏：先从和一个人交谈开始，接下来和两个人交谈、和三个人交谈、和一群人交谈……以此多次反复训练，直至不会再对人感到焦虑和恐怖，能够进行正常的社会交往为止。

需要注意的是，系统脱敏法包括想象脱敏、自动化脱敏、接触脱敏、实际场所脱敏、情绪性表象脱敏等方式，在实际脱敏过程中，治疗师可根据实际情况及需要，灵活运用这些脱敏方式。

4. 情绪宣泄法

焦虑情绪的主要特点是紧张、担心、害怕。要想缓解这些焦虑情绪，适当的情绪宣泄是一种好办法，同时要采用科学的宣泄方式，一般可选择放声大喊、激烈运动、与人畅谈、外出交游、消费购物，等等。

情绪宣泄可以减轻压力，缓解焦虑情绪，虽然这种缓解是暂时的，不会从根本上消除紧张焦虑感，但也是非常重要的，因为有很多难以控制的一念之差，会酿成终生的大祸。此外，如果持之以恒地科学宣泄，也能够较大程度地改善焦虑状态。

沙袋宣泄、玩偶宣泄都是简单易做的情绪宣泄方式。一般男性常用沙袋宣泄法，当焦虑情绪很高的时候，可以击打沙袋以宣泄愤怒的情绪。女性最好选择玩偶宣泄法，即制作一个有象征意义的布衣小人，并写上对方的名字，当焦虑情绪上来以后可以使劲击打。比如，丈夫发生情感背叛后，夫妻感情尚在，不能放弃婚姻，但难以控制和忍受自己的负面情绪，就可以采取玩偶宣泄法，先解决当下的负面情绪积累问题，防止自己心理崩溃。

5. 习惯养成法

法国著名作家巴尔扎克说过：“有规律的生活是健康的秘诀。”养成良好的生活习惯，多运动、多听舒缓轻松的音乐、培养多方面的爱好（养花、钓鱼、画画、下棋等），都可以减轻焦虑心情，从而“悦纳现实，顺其自然”。

易秋是从改变认知习惯、思维模式入手改变自己的，她意识到几十年来自己始终是以“坏”字当头考虑问题的，老同事一旦生病住院，她先想到的是“病入膏肓”“无药可救”；孩子回来得晚点，她就怀疑出了什么意外，而且这些无来由的念头总是挥之不去。通过咨询学习，她不断纠正自己的意识习惯，结果发现纠正后的想法基本上都和事实相吻合，这种认知与事实的一致性让易秋逐渐拥有平和的心态，走出了焦虑的阴霾。

自卑感很强的小文一直不敢面对自己的性格缺陷，通过一个阶段的系统脱敏治疗，她逐渐敢于在不同的人面前敞开心扉了，甚至主动去倾听大家的意见和建议，有时还“自嘲”般的开些玩笑，说自己性格有缺陷，对大家多有得罪，请各位谅解。一个近似于自闭的女孩，能做到自我嘲解是件很不容易的事情。小文现在已经走上了技术工作岗位，还成了入党积极分子，变成了一个阳光开朗、自信满满的女孩。

那位点火就着的女干部先是从改变不良的习惯性情绪入手，让自己学会耐着性子去倾听，放下主观意志去和别人沟通。在这个基础上，她又尝试了肌体放松训练法，只用了两个月的时间，变化之大连她自己都不敢想象：气性减了一大半，遇事不容易发火了，而且脸色红润，同事都夸她年轻漂亮了许多。这让她的信心更坚定了，她说不为别的，就为了自己心情好、压力小、精神放松，她也得坚持学习，坚持锻炼。

生活在快节奏的今天，人不可能没有一点焦虑。其实，适当的焦虑会激发人的潜能，像学习中的焦虑可以激发学习潜能，体育比赛中的焦虑可以激发运动潜能，工作中的焦虑可以激发效率潜能，等等。

不同的焦虑会激发不同的潜能，但我们强调的是适度，而不是过量，过量的焦虑非但潜能得不到发挥，反而会引发心理障碍，最终形成焦虑症而痛苦不堪。学会调整认知、放松身心、自我训练、合理宣泄、规律生活，并且坚持不懈、持之以恒，就一定能减轻压力，缓解焦虑情绪。

专家寄语

每个人都会遇到焦虑情绪，关键是要认清焦虑的实质，对外可以不承认，但自己得识别清楚，千万不能自己糊涂。只有认识焦虑，才能去接受；只有接受焦虑，才能去面对。一旦面对焦虑了，你会恍然发现，原来焦虑就是自己跟自己过不去，杞人忧天而已。其实，一切都没有自己想得那么坏。

减压

第五课 拨开敏感之云

你是不是这样的女子？

1. 总觉得别人缺乏真诚，对自己虚情假意。
2. 对同事、朋友，甚至亲人缺乏信任。
3. 总觉得自己很精明，能看透别人的心思。
4. 喜欢探讨别人说话做事的动机。
5. 透过一件事，能想到别人都意识不到的第二件、第三件事。
6. 对自己的一言一行都十分谨慎，怕被别人嘲笑。
7. 很在意别人之间的对话，有时感觉是针对自己。
8. 认为自己很有预见性，第六感丰富且准确。
9. 喜欢藐视对方，但只是藏在心里，不会表现出来。
10. 总怀疑丈夫或男友对自己不忠。

女性比男性更敏感，更容易产生多疑、猜忌的心理，这是为什么呢？女性由于生理性质的特殊原因，对刺激非常警觉和敏感，这是女性所特有的防御心理，比男性要明显得多。

此外，女性一旦遭受过伤害，比如情感伤害，那么，敏感的程度会比原来高出很多。也就是说，原来感觉并不明显的敏感多疑问题，一旦遭受了伤害就会凸显，甚至连自己都无法控制，而且会产生敏感转移，不仅会对情感问题敏感，对其他事情也容易多疑。

敏感心态需要引起重视，及时调整，否则长期毫无根据地揣测，毫无事实依据地想象，就会发展成心理障碍，严重影响生活质量。

你要警惕！敏感是什么？

敏感是一种防御心理，但这种心理的特点是“先敏感，后防御”，也就是说，不管所担心的事情有没有发生，都要事先想到，提前做打算。生活中常见的敏感的人，不但喜欢窥测，而且善于想象和臆断别人的想法，在这些人看来，自己有一种特殊的本领，能够看透、掌握别人的心理，并且没有自己看不透的人和事。

1. 不信任他人

敏感的人总是不信任他人，怀疑他人不怀好意，或责难他人有不良动机；往往自我估计太高，固执己见，缺乏自知之明；安全感不足，经常处于一种紧张状态之中；行动上过于谨慎、斤斤计较，甚至采取不必要的防卫措施，并会为自己的敏感行为寻找所谓的事实依据，想办法考验他人忠实与否。

王蓉今年28岁，人很干练，自己开了一家小服装店，又当老板又做店员，非常辛苦，但她不愿雇人来帮忙。她认为没几个店员会真心实意给自己出力，那些人干活不是偷懒，就是偷奸耍滑，自己以前就被店员欺骗过。

原来，之前的一个店员在卖货的时候私匿钱款，被回来退货的客人撞个正着，并告诉了王蓉。王蓉生气地辞退了那个店员，此后又雇了几个新店员，但是怎么看都觉得她们有问题，都是在想方设法地坑自己的钱，于是她再也不雇店员，而是事必躬亲，进货卖货都是自己干，并且到处向人解释自己不怕吃苦受累，就怕被欺骗，只要不累心，其他都无所谓。

敏感的女性总是善于透过假象去探究真相，这是她们的特点。在她们的眼里，“假象”实在太多了，看不透的是假象，搞不懂的也是假象，听不明白的还是假象，只有她们看清楚、听明白了的才是真相。这样一来，她们怀疑一切、质疑一切的理由就更加充分了，搞不懂的事情她们一定要打个大问号，留待以后慢慢去查清楚、搞明白。

然而，能让她们搞明白的事情并不多，换句话说，越是她们认为有假的问题，越是很难搞明白。例如，丈夫请朋友吃了顿饭，为了不让敏感的妻子生疑吵闹，就谎称只请了几个男同事吃饭，并没有女性参加。对于这种说法，敏感的妻子未必相信，但就这件事的真假来说，怎样才能查清楚、搞明白呢？即便直接问丈夫的同事，人家说什么才能证明丈夫说的是假的呢？除非人家说出聚餐确实有女同事的真话，这才能得到一个不必再去查验的真相。

一旦类似这样的“假象”积累得多了，敏感的妻子就会把它们全部累计在一起，当作丈夫谎话连篇形象的证据，这就为丈夫一直以来所有的“假象”定了性，也即丈夫爱说谎，以及丈夫说出的话的反面（如说没有女性一起吃饭，其反面就是有女性一起吃饭）才是“真相”。

其实，现实生活中确实存在着丈夫刻意给妻子制造假象的问题，被丈夫一再欺骗、一再伤害的大有人在，这类丈夫确实是谎话连篇，欺骗妻子、欺骗感情。这种情况属于真实的谎言与背叛，而不是我们这里所说的敏感多疑的妻子自己假想出来的“真相”。

2. 过度揣测他人心思

有的女性生性就比较敏感，喜欢猜疑，无论别人在谈什么，都喜欢和自己进行联系，“他们一定是在说我，眼神都往我这儿看”，广泛联想，主观臆断。这类人大多都“很有主见”，总是以自己第六感发达自居，认为自己的感觉很敏锐，对自己的臆断十分肯定，即便事实已经证明了之前的臆断是错的，也不会承认是自己的问题，甚至还会作出新的臆断。

王蓉的朋友说她是个非常耿直忠厚、善良实诚的人，也能吃苦耐劳，就是心胸有点狭窄。不管是谁，她都要揣测人家的心思，别人根本没想到的事情，她非要说别人心里就是这么想的。

有一次，王蓉约了几个朋友吃饭，中途需要开车接小慈一起过去，王蓉开车在前面，阿欣的车跟在她后面，小慈看她们一前一后开过来，便先走向王蓉的车，但是往车里探头看了一下，发现车里人挺多，就对王蓉说：“我坐阿欣的车吧！”就这件很正常的小事，对王蓉来说却成了复杂的大事，她非得说小慈根本不是觉得车里人太多，而是因为看到车里坐着谁，她才去坐阿欣的车。小慈很无奈，一再解释没有这回事，王蓉却说：“你甭解释了，你的心思我没猜错，你愣是不承认，我也没办法。”小慈觉得王蓉这人挺无聊的，自己根本没想过的事，王蓉却一口咬定，还在朋友之间当真事似的说。类似这样的小事还有很多，弄得很多朋友在王蓉面前做什么事、说什么话都特别小心，感觉非常不自在，也就很少和她聚会了。

3. 产生过激行为

敏感的人容易因一点小事就受到影响和刺激，精神时常处于紧张与不安的状态，并且沉浸在自己臆想的世界里面，有时容易产生过激行为。比如，丈夫下班回来晚了，解释的理由“不够充分”，和敏感的妻子想象的“事实”差距较大，那么，这件事就会成为导火索，或者妻子和自己过不去，或者妻子不会让丈夫就这么轻而易举地过去。今天不说清楚，那就明天说清楚，如果能说清楚，这事也还能翻开新的一页，最多也就是没抓到出轨的证据而已，但是如果说不清楚，那隐患从此就种下了。

敏感的妻子一天到晚就是“查隐患”“查问题”，她们的主要任务不是愉快地生活，而是为了“愉快的生活”去发现问题，重点是发现丈夫的不忠、隐私和背叛，这是她们最关心的问题。她们还善于“吹着尘土找裂缝”，找出一个“裂缝”就开战，非得让丈夫解释清楚。这种“检查”只针对丈夫，不会对亲友和子女，对其他人的敏感仅限于“不真诚”和“不友好”而已，当然，她们也会记恨在心，但不至于大动干戈。但是，她们对丈夫的“检查”和“检验”是由里而外、由表象到实质的绝对深入和细致，一旦发现一点问题，绝对就要大战一场，否则，就觉得咽不下那口气。

王蓉一直担心丈夫可能会出轨，就经常提醒他一下，结果他还是出轨了，她做了很大的努力挽救家庭，丈夫也承认错误并决心悔改，两人便和好了，但王蓉心里仍然放不下对丈夫的猜忌。

有一次，丈夫和朋友在外面吃饭，饭后又去了KTV唱歌，回到家已是凌晨一点多了。王蓉躺在床上翻来覆去，辗转难眠，她一直在猜测丈夫今天和谁在一起，为什么回来一句话也不和自己说，但又不愿意质问丈夫，因为他肯定会说谎话。脑袋一团乱的王蓉实在睡不着，于是起床喝了一大杯红酒，回到卧室却发现丈夫已经鼾声如雷了，盯着丈夫熟睡的面孔，她越看越觉得陌生，越看越生气：“我在这儿为了你睡不着，你却没事儿人似的睡那么香！”控制不住情绪的王蓉转身走进洗手间，端来一盆冷水，朝着丈夫的脑袋浇了下去……

类似的事情还发生过很多次，刚开始丈夫觉得她之前受到自己出轨的刺激，情绪不稳定可以理解，但是随着王蓉越来越过分的行为，丈夫觉得她心理有问题，就动员她去看心理医生。王蓉心想明明是丈夫做错了，还反过来说自己心理有问题，根本就是想把自己诬陷成精神病，然后名正言顺地离婚，离了再娶，他的小算盘自己看得一清二楚。

你可知道？敏感从何而来？

1. 应激性心理平衡机制受损

从心理学角度来看，敏感其实是心理平衡机制受损造成的心理缺陷。心理是人对客观事物的反应，心理平衡是人对客观事物反应过程中建立起来的持续的、连贯的、有规律性和一致性的反应机制。心理平衡机制在一定时期是比较稳定的，是经由长时间建立起来的对某种事物持续的、连贯的、有规律性和一致性的客观判断。

知识驿站

心理平衡机制是如何建立起来的？我们可以用一个生活中的例子来理解。

一个女孩第一次看到兔子时，对“兔子”这一客观事物是没有概念的，当外界提示她这个小动物很温顺，不咬人时，她会在心理上建立起第一反应（不恐惧、不可怕，甚至是亲近感等心理感受）。随着女孩接触兔子的次数增加，就会逐渐对“兔子”这一客观事物形成持续的、连贯的、有规律性和一致性的客观判断，而心理反应正是依附于这种客观判断，建立起了女孩自身的平衡体系，这种平衡体系就是心理平衡机制。

人对各种客观事物的判断以及形成的心理平衡机制都是以这种规律和形式建立起来的。

应激性心理平衡机制受损是指已经建立起来的心理平衡机制受到严重破坏。一旦在一点心理准备都没有的情况下突发一些事件，心理平衡机制就会受不住新认知的冲击而崩溃，进而引发一系列心理问题，比如无端惊恐或惧怕特定事物，等等。突发性、破坏性、灾难性的应激事件都会对人的某些特定的心理平衡系统造成破坏，如火灾、地震、洪水、车祸、战争等。

在日常生活中，女性最常见的应激性心理平衡机制受损主要来源于情感伤害。面对情感打击时，以攻击和占有为主要生理心理特征的男性多表现为指责或惩罚对方，而心思细腻，以怯弱、被保护和寻求安全稳定为基本生理心理特征的女性，容易以受伤的姿态寻求怜悯与同情，并会建立起较强的心理防御，出现很多不合常理的行为举止，表现为对情感毫不信任，加倍猜疑对方，并会根据自己的无端臆断采取报复等过激行为。

王蓉说自己过去虽然有些敏感多疑，但不至于影响生活，但是丈夫的出轨对她打击很大，加重了她原本就敏感多疑的问题。两人和好后，丈夫的一言一行都让她放心不下，甚至产生反感。丈夫兴高采烈地从外面回来，王蓉就不由自主地想他可能去见其他女人了；如果他愁眉不展，她又会想可能是和哪个女人闹矛盾了。所以，无论丈夫是高兴还是失落，王蓉都要和丈夫大吵一架，弄得家庭气氛很紧张。

此外，王蓉开始严格控制丈夫，要求他不能整天手机不离手，不许设置手机密码，甚至还要求他定期打印出通话详单，这下可惹恼了丈夫，认为王蓉侵犯了他的尊严，夫妻间一点信任都没有了。然而，对于丈夫拒不接受的态度，王蓉认定这里面一定有鬼，更坚定了自己的怀疑，于是忍无可忍，提出了离婚。

丈夫不同意离婚，对她的怀疑也坚决否认，大呼冤枉，还认为她现在疑心病很重，到了怀疑一切、否定一切的程度，这种莫须有的罪名让他无法接受。

2. 永久性心理平衡机制受损

永久性心理平衡机制受损是在人对某一客观事物形成客观评价并建立稳定、连续和持久的平衡机制过程中造成的永久性损伤，这种损伤将导致人对某种客观事物形成畸形的评价体系，从而建立起一种畸形的心理平衡机制。例如，在父母长期矛盾不断的家庭氛围中成长起来的孩子，对人际关系的观察和处理就会形成畸形判断，他们的心理平衡机制也会建立在畸形的评价体系之上，导致世界观、人生观、价值观的扭曲，也就是形成了永久性的心理损伤。

可见，家庭环境是个性形成与发展中最初的、也是最重要的环境。如果家庭环境不健康，如早期母子分离、儿童被忽视、早期依附的不稳定及家庭动荡，就容易使人缺乏安全感，形成敏感多疑的性格。

王蓉很小的时候父母就离婚了，她和妹妹跟着父亲生活。王蓉很抵触别人谈到她的家庭，她忘不了父母闹得鸡飞狗跳的恐怖时光，但她还是想知道父母为什么离婚。然而，父母离婚的原因从来没人提起，就连父亲也没做过任何解释，这在王蓉心里成为一个挥之不去的疑团。

母亲再婚生子后，并未中断和她们姐妹俩的来往，但王蓉对母亲尤为怨恨，责怪她不该抛下姐妹俩，即便父亲做得再不对，作为母亲也不该如此狠心。由此，她开始猜想母亲如此绝情，又是与单位同事再婚，那么父母离婚一定不是父亲的过错，极有可能是母亲背叛了父亲，毁了她原本幸福美满的家。后来父亲也再婚了，后妈对姐妹俩非常好，这让王蓉深感欣慰，但她仍对父母离婚心怀疑惑，也始终得不到任何解释，一直到现在她仍对母亲背叛婚姻的行为深恶痛绝，以至于影响到了她对自己婚姻的信任，经常怀疑自己的婚姻会不会也出问题。

人在儿童时期，没有辨别是非的能力，却拥有了强烈的好奇心和求知欲，对很多事情喜欢问为什么。如果家长不及时回答孩子的疑问，或缺乏对孩子的科学引导教育，孩子就会对这些没有得到解答的问题进行揣测和臆想。儿童的好奇心，并不会因为得不到解答就消失，恰恰相反，越是得不到解答的问题，儿童越是想知道，并且只能靠想象去揭开自己心中的谜团。

因此，王蓉的臆断习惯与其父母有直接的关系，是他们的婚姻悲剧，以及没有适时地给急待揭开谜团的王蓉以合理的解释，造成了她敏感猜忌的心理缺陷。这种影响一旦形成就是永久性的，更是灾难性的，对王蓉的影响和伤害极大，甚至会毁了她的一生。

知识驿站

你身边有“大男人”吗？你能否忍受他们的霸道？你是否懂得他们的心理？

阿峰是个控制欲很强的“大男人”，只要妻子小静不在他身边，他就六神无主，随时想知道她的行踪。乍听起来阿峰是深爱妻子的好男人，但是，小静却忍受不了这种生活，觉得自己没有自由，一直想要离婚。

有一次，阿峰要求小静在他出差回来时去接机，结果小静的闺蜜心情不好，非要拉她去逛街，小静只得短信告诉他去不了机场了。阿峰下飞机后看到短信，急忙打电话问小静在哪，还要求小静的闺蜜接电话，以确认她俩确实在一起，而后强硬地要求她们在原地等他。闺蜜觉得阿峰实在过分，就拉着小静去自己家，想治治阿峰的霸道。到了商场找不到人的阿峰，一听说小静在闺蜜家，又立刻打车赶去，一进门就朝闺蜜大吼：“我要是和小静离婚，你就是罪魁祸首！”然后粗鲁地拉着小静就走，根本不顾闺蜜和小静的感受。

其实，阿峰这类所谓的喜欢掌控一切的“大男人”，就是典型的永久性心理平衡机制受损的人。一般而言，了解这类人的成长背景，就能找到其心理平衡机制受损的原因。例如，阿峰成长于一个父母经常打架的暴力型家庭环境，一直缺乏安全感，从小就形成了要管住妻子，让她完全服从自己，才不会发生夫妻矛盾，从而获得安全和谐的家庭环境的畸形认知体系，并且这种认知体系随着他的成长，固化成了持续、永久且稳定的心理平衡机制。走入婚姻以后，阿峰很自然地运用这种机制经营自己的婚姻，根本意识不到这样做对妻子是不公平的，也是非常变态的。

3. 心理反应速度过快

人对外界事物的刺激有各种各样的反应，比如疼痛反应、情绪反应、神经反应、意识反应等，这些反应都属于心理反应的内容，只不过有些反应（如疼痛反应）由神经元直接传输给大脑，无须意识的觉醒就由中枢神经系统直接作出快速反应，个体之间没有太大的差别，即使反应相对迟钝，也是由神经系统或某些触觉器官造成的。

但是，有些反应（如情绪反应、意识反应）个体之间的差别就很大，不仅是反应速度，而且反应形式和内容也有很大差别。例如，遇到一件令人高兴抑或惋惜的事情，有的人情绪反应会非常大，有的人反应不是很明显；面对突发事件时，有的人会马上作出反应，不考虑会有什么后果，有的人则反应速度较慢，往往需要搞清楚刺激的性质，然后进行理性反应。

为什么人和人之间的反应会有如此大的差别呢？这既有生理、遗传等方面的原因，也有成长、习得等方面的原因。生理、遗传的差异主要影响人的反应速度，我们常把反应快和反应慢说成是聪明和愚笨，其实就是指向与生俱来的生物属性。社会习得因素（成长因素）主要决定人的心理反应形式和内容，比如条件反射的习得，只要长期对一种类型的事件或刺激，给予一定形式或内容的解释，就能对事件建立起一种习惯性的反应。

可见，反应速度是与生俱来的。反应速度慢的人，说话做事慢条斯理，不焦不躁，态度和蔼，情绪稳定，经常被称作“慢性子”。实际上，他们的慢不是行为上的慢，而是心理反应的速度比较慢，对外界的信息、刺激等不敏感，不会因为一点小的信息或刺激就作出激烈的反应。反应速度快的人脾气急躁，做事不稳，也被称为“急脾气”“快性子”，敏感型的人往往就是心理反应速度过快、过于敏捷。

反应速度快的人为什么敏感多疑呢？因为没有足够的时间去倾听、分析和理解信息源，当信息出现的时候只是本能地快速反应，所以产生的多半是不切实际的思维意识，也就是猜想性、臆想化的东西，这就是敏感、多疑和猜忌心理的形成规律。而反应速度比较慢的人有充裕的时间去倾听、分析和理解信息源，这样作出的反应就会比较客观，比较符合实际。

王蓉就是一个心理反应速度过快的人，遇到点事情就沉不住气，听风就是雨。和别人通电话，几乎听不到别人说什么，全是她在唠叨。别人想说几句话，刚说完第一句，还没等说第二句，她就接茬展开长篇大论。其实，别人的意思她根本没听懂，至少是没听全，就顺着自己的想法先回应对方了，反应永远都是快十拍。

“快性子”的王蓉不仅说话快、反应快，就连吃饭都很快，完全就是狼吞虎咽。一家人在一起吃饭，她上桌最晚，离桌最早，吃完了就开始收拾，洗洗涮涮都是她自己一个人干。虽然活干得快，但并不仔细，家人总说她做事急躁，不够稳重，她觉得挺委屈，明明就是自己反应快、行动力强，怎么到别人嘴里，就变成不稳重了呢？

你能做到！拨开那朵敏感之云

1. 内观反思

改变敏感多疑的心理缺陷并不是一件很难的事情，首先要意识到自己的问题，有时候意识到问题比改善问题更难，只要有所意识，改变只是个过程而已，坚持不懈地运用科学的方法去矫正，就能改善过于敏感的心理问题。

敏感是由于内心活动过于活跃、过于丰富，从而有些不切实际的幻想，或超出客观实际的联想，给自己也给他人造成了许许多多的误会。要想改变敏感，就要先观察自己的内心，这就是内观。内观就是在内心与自己对话：为什么总是怀疑别人？为什么总是把对方想得很龌龊？自己对很多问题的判断有多少是符合实际的？为什么一次又一次的假设被推翻以后，还是不停地在做不客观的假设？到底是谁的问题，是对方，还是自己？对方的问题是什么？自己的问题是什么？ 以这种自问自答的方式，来不断反思自己的思维言行。

内观有两点非常重要的注意事项：

一是环境要清静。进行内观的时候，环境不能嘈杂，应选择周末或一个人在家的时候，而且光线要暗，白天最好拉上窗帘，闭上眼睛静想，保持专注，不能同时做别的事。

二是按事件做角色置换想象。针对一个具体的矛盾或事件，自己要先站在自己的角色立场上去回忆当时的场景过程，主要回忆自己的想法和意识，之后再站在另一个参与者的角色立场上去回忆过程，去体会他的想法和意识。一定要注意的是，不是站在自己的立场上去想对方怎么想的，而是置换角色，把自己换成对方的角色，站在对方的立场上，从对方的角度去思考。以此类推，把所有关系人的立场角色都置换一遍，一个内观的过程就完成了。

很多时候，我们不会轻易地站到别人的立场上去考虑问题，即便自己有时也会替别人着想，但从自己立场出发的替别人想，和内观的完全从对方角度出发的置换性思考的差距非常大。一般情况下，完整地做完一次内观，就会有很多意想不到的收获，能够客观平和地看待事情、反思自我，而不再一味地责难别人。

2. 学会倾听

在一般的人际交往中，我们应该首先学会倾听，而没有必要去揣测别人的心理，这是没有任何意义的事情。别人想什么，一是和自己没关系，二是揣测的也不一定就是别人想的。如果是特殊的交往关系，比如营销交往、心理咨询活动等，就需要顾及对方的心理需求，且应该尽量掌握对方的心理活动规律，了解和尊重对方的心理感受，但这和看透对方的心理，猜测对方的想法是两个概念。前者是以尊重对方的心理活动规律为前提的，而揣测则是以自己的揣摩和主观想象为前提，一个是尊重客观规律，一个是遵从主观意识，两者性质不同。

听是接受信息的第一步，从第一步开始，就要学会客观地认识和接受信息，只有接受的信息全面客观，才能对信息所反映的事物作出准确的判断。敏感的人的最大问题就是不善于客观完整地接受信息，听不完整别人的话，或是一知半解地接受别人传递的信息。要改变这种状况，就要先关闭自己丰富活跃的思维，让别人把话说完，而且要强迫自己认真仔细地去听别人说的每一句话，不带任何主观意识地听，听不懂的地方可以问，但不要进行主观揣测。在倾听的过程中，一定要控制好自己的反应速度，绝不能让自己的意识反应超越别人的叙述，一定要耐心听完了说话内容，再启动自己的意识反应，否则，就容易先入为主，把自己的主观意识强加给别人。

其实，学会倾听并不难，难的是不带主观意识地去倾听，这对于敏感的人来说是个不小的挑战。个人的主观意识都带有先入为主的性质，有时根本没办法强压住自己的主观意识。为了解决这个问题，敏感的人可以在倾听别人说话的过程中，按自己惯有的主观意识的相反方向去思考，最后就会发现，这个反方向的结果居然是对的！让惯有的想法和预置的反向想法先对立起来，人为地形成内部对立冲突，这种冲突一旦建立起来，外部的表现将趋向中性化，因为内部的对立已经让自己失去了表达的方向，以此赢得时间，滞后表达，这种机械设定内部心理冲突的做法对抑制主观冲动有很好的作用。

学会倾听，就是为了充分掌握和别人交流时的信息内容，延缓自己的反应速度，让敏感的自己能够有充分的时间去思考，然后作出理性的分析和判断。这样就能使很多冲动的想法在正常的反应流程中被分解，从而抑制无端的揣测和过激的行为反应。

3. 建立“模拟健康反应”

敏感的人，除了需要控制反应速度以外，还应该改变反应形式和反应内容。人在遇到相同类型的刺激时，会产生习惯性的反应内容，比如，有的人一看到争吵，就会有打打杀杀，血腥残酷的场景预期和想象；林黛玉一看到花开花落，就联想到生死离别等，这些心理反应都和人的情感经历有关，而且已经渗入潜意识层面，是很难剔除的，因此需要通过建立“模拟健康反应”来解决。

“模拟健康反应”是指模拟别人正常健康的反应形式，反复进行学习和锻炼，最终形成比较固定的习惯。例如，对于丈夫经常在外喝酒应酬这件事，做妻子的都比较反感，但在反应形式上差异很大，比较正确的反应是以信任为主，虽然不支持过多的应酬，但并不会往最坏的方面去想，只是平和地提出自己的观点，希望丈夫注意身体，早点回家，不要影响他人休息，丈夫往往能够接受这样的态度，甚至会反过来也替妻子考虑。而过度敏感的妻子会把丈夫的应酬当成出轨，总是频繁查岗，找不到人就给丈夫的同事朋友打电话，回家晚了就大发脾气，摔摔打打，也听不进丈夫的解释，两人自然免不了一场战争，越来越有隔阂。

当然，妻子的反应与丈夫长期的所作所为有关，一旦情感基础没打好，想让妻子有好的反应也是比较难的。可以说，妻子的提心吊胆、敏感多疑很大程度上是丈夫造成的，所以，有“前科”的丈夫就更应该给妻子，尤其是比较敏感的妻子以宽慰、理解和包容，尽量把时间和精力放在家里，放在妻子身上，以体现对家庭的尊重。没有“前科”的丈夫则需要反思自己的态度行为，是不是对妻子的关心询问不耐烦，造成妻子的误解。

过于敏感的妻子可以把周围健康的夫妻关系视为模板，注意观察这种家庭中的妻子是如何对待丈夫外出应酬等同样类型的刺激，学习和借鉴健康的应对形式，然后进行模拟学习，最终应用到自己的家庭关系上，很快就会有显著的收获。自己的感觉不一样，丈夫的感觉也会不同，相互间的信任、理解和尊重程度都会有所提高，甚至丈夫还会主动减少应酬，这就是所模拟的健康反应成为现实的效果。

王蓉尝试着调整自己的反应速度和反应内容，时间一长，她的转变非常明显，最大的收获就是夫妻关系大幅改善了，这是她最欣慰的，也是她最需要的。她意识到之前自己的过分敏感给丈夫带来了巨大的压力，可能是应了那句话，越怕什么就越来什么。

其实，心理学的吸引力法则，讲的就是这个道理，所以千万别太纠结于某件事情，越是害怕担心的事情，越容易带来焦虑，而焦虑又会导致对这类事情的过度敏感和关注，最终就可能会促成这类事情的发生。这不是危言耸听，而是有科学依据的。

专家寄语

敏感是一种特质，有些人能敏感地捕捉到周围的信息，使之为自己所用，趋利避害，这就是敏感的积极作用；有些人遇事就过于敏感，总是神经兮兮，大脑不停地在“捕捉信息”，但又没有能力分辨信息，过多过乱的“信息”令他们焦虑多疑，这就是敏感的消极作用。所以，大家一定要明确自己是分辨信息的高手，还是仅仅是“捕获与生产信息”的高手，前者智慧，后者混沌，即使成不了前者，也绝对不能做后者。

减压

第六课 拨开躁狂之云

你是不是这样的女子？

1. 总想表现自己，希望别人关注自己。
2. 爱好广泛，多才多艺。
3. 喜欢高谈阔论，谈笑风生。
4. 容易大声喧哗，语调高亢。
5. 有点口无遮拦，说话不经大脑。
6. 有点吹嘘的感觉，但自己意识不到。
7. 高兴的时候手舞足蹈，喜形于色。
8. 心地善良，但经常以言语伤人，典型的刀子嘴豆腐心。
9. 做事有些鲁莽，粗枝大叶。
10. 虽不计较小事，但大事常犯糊涂。

女性都崇尚端庄优雅，性格内敛，不张扬、不做作，有大家闺秀气质的唯美风范，而与之相反的高调张扬，外向强势，行为泼辣的个性特征往往难以被女性接受。

其实，个性张扬的女性能说会道、善于表现、富有激情，也会因此格外引人注目。很多人会羡慕她们的表演才能和泼辣作风，把她们视为难得的人才。然而，过分张扬的女性其实是有躁狂倾向的，也就是表现欲望强烈，自我表现力高，常给人以过分张扬、哗众取宠的感觉。

在现实生活中，躁狂型女性并不多见，她们往往自我感觉良好，对自己张扬的个性没有不适感，也没有特别突出，或特别优越的感觉，她们不认为自己有什么地方和常人不一样，因此，并不对自己另眼相看。即使人们身边有躁狂型女性，一开始也会被她们夸张的个性所吸引，对她们浑身上下洋溢着的热情和激情赞不绝口，而不会察觉她们的躁狂。

躁狂的人有着强烈的表现欲望，但躁狂和表演不是一回事，在舞台上经过排练的夸张幽默表现是表演，在现实生活中不自觉、无意识的夸张表现才是躁狂。躁狂和表演很像，但性质不同。表演是演出来的，躁狂是做出来的，一个是假的，一个是真的。表演的人不一定是躁狂，但躁狂的人肯定不是在表演，而是一种自然的行为表现。

其实，躁狂是个心理问题，轻度的躁狂不会影响工作和生活，但程度稍重就会给自己带来问题，给他人带去影响。

你要警惕！躁狂是什么？

躁狂是一种持久明显的心境高涨、思维奔逸和精神运动性兴奋状态。躁狂的人常常会表现出兴高采烈、喜形于色的神态，好像从无烦恼的事情，常自称是“乐天派”，但情绪极不稳定，易激惹，有时会因为一些细小的琐事而暴跳如雷，有时甚至会出现破坏或攻击性行为。

从严格意义上来说，躁狂症是抑郁症的一种，也叫躁郁躁狂症，是程度比较重的心理疾病，是需要进行医学救治的。因此，躁狂症不是这一课的重点，我们更关注比较常见的轻度躁狂，也即轻躁的问题，但我们也要知道，如果不重视自己的压力，不及时进行调整与干预，一旦躁狂的程度很严重，就会发展成躁狂症。

轻躁是指躁狂症状并不影响正常的生活和工作，程度较轻的情况。虽然轻躁在女性群体中并不多见，但一旦压力过大，有些人还是会出现轻躁反应的，比如话多、思维活跃、联想过快、言不由衷、动作节奏加快，等等。轻躁还有一个特点就是好激动、好冲动，动辄就想痛痛快快地发泄一番，不彻底发泄出来，就会觉得异常难受。

1. 表现欲极强

躁狂的人兴趣广泛、喜欢热闹、热衷交往、特别愿意主动与人亲近，与不相识的人能一见如故，有很多的社交活动，精力也格外充沛旺盛。

躁狂最突出的特点就是喜欢表现自我，希望成为大家关注的焦点。在躁狂的人的意识里，自我价值的体现就反映在被别人关注的程度上。只要能引起大家的注意，自我价值就实现了一半，如果再能引起共鸣，哪怕不是好评，而仅仅是高度的关注，也会感到十分满足，认为自己成功了，被大家认可和接受了。

表现对躁狂的人来说，是非常简单的事。不管在什么样的场合，只要有表现的机会，躁狂的人都能在很短的时间内成为大家关注的焦点。当然，表现的方法多半是哗众取宠、喧宾夺主，并不是优雅大气的自我展现，但仍然达到了夺人眼球的目的。

44岁的刘洋在一家国营商场从事后勤管理工作，是设备维修组组长，手下管着五六个维修工，哪里的桌椅门窗或是货架展台坏了，她就派人去修理一下，工作很轻松。刘洋虽然已至中年，又属于领导层，但特别喜欢聚会，只要有活动，她几乎都参加，喜欢热闹，喜欢人多，人一多就亢奋，能说能唱，人送外号“人前疯”。

其实，在聚会活动上大家都喜欢热闹，你一言我一语，讲个笑话调节一下气氛是很正常的，但刘洋的表现欲非常惊人，她说话时的状态和别人不一样，像是一场十分投入的表演，经常手舞足蹈，还配上各种表情，说话的声音比正常人高出八度，一开始主要和某一个人交流，说着说着就成了和在座的每一个人交流，当大家的注意力都集中到她身上时，她的音量也就达到了最高点，这几乎是一种固定的模式。

其实她的表现很容易让人尴尬，说的话也并没有深度和逻辑，只是表现得很有激情，不了解她的人真会被她惟妙惟肖的表演和真情的投入所感染，认为这人真风趣；而了解她的人知道她有表现欲，都会给她充足的时间，并不时给她掌声表示鼓励。然而，刘洋从来意识不到自己的问题，真的认为大家的鼓掌是对她的欣赏和肯定，所以会表现得更加投入、更加张扬。

2. 情绪反差大

躁狂的人的情绪反差很大，有时会交替产生狂躁和抑郁，一阵是情绪高涨、兴高采烈，一阵是情绪低落、郁郁寡欢。高兴的时候手舞足蹈，喜形于色，低落的时候无精打采，沉默寡言。一般来说，单纯持续的心境高涨比较少见。

躁狂经常与躁郁并行。这是为什么呢？有一种解释认为，躁狂是为了缓解躁郁而出现的，是为了降低内心的压抑，驱赶心中的抑郁，才采用了反其道而行的躁狂方法。本来“狂”对“郁”应该是很有针对性的，但躁狂的狂妄表象往往只是形式而已，并没有把“治郁”的重点真正放在调整抑郁的心态上，只是用手舞足蹈和喜形于色这种表面形式，来掩饰无精打采和沉默寡言的本性而已。伪装是不可能持久的，狂躁“累了”便会卸下伪装，露出躁郁的另一面，由此产生了巨大的情绪反差。

在同事们的眼里，刘洋是个双重性格的人，非常情绪化。外向的时候，她手舞足蹈，喜笑颜开，口无遮拦，玩笑无度；内向的时候，她不苟言笑，愁眉不展，低头不语。经常是上午夸夸其谈，下午沉默寡言，情绪反差非常大，大家也不知道什么时候她会高兴，什么时候她该苦闷，反正外向的时候没人能比她更开朗，内向的时候也没人能比她更拘谨了，一正一反两个极端她全都占了。

3. 自我评价过高

躁狂的人有自我评价过高、自我感觉良好、自命不凡的特点，有的甚至会出现主观妄想。出现这种特点主要有两个原因：

一是躁狂的人要把“假戏”当“真戏”演，把假外向、假阳光、假激情等假的东西，当成自己的真实特点，予以充分展现。怎样才能把其实并不存在的东西，表现得和自己真的拥有一样呢？这就需要一种强大的心理暗示做支持，那就是一直告诉自己：自己真的很棒！自己真的很外向！自己绝对不抑郁！自己是出类拔萃的！以此来给自己的外向表达提供支持和动力。

二是在强大的心理暗示的作用下，躁狂的人逐渐进入一种真假难辨的状态，也就是我们常说的“谣言千遍成真理”的状态。他们宁肯相信自己真的很优秀，也不希望自己的表现只是表演而已，并且希望能永远保持住这种阳光开朗的状态，成为真正出类拔萃的人。这种强大的心理暗示带给他们的就是良好的自我感觉、高度的自我评价和充分的自我肯定。

刘洋喜欢站在舞台的感觉，她觉得自己具备灵性和口才，是天生就属于舞台的人。她曾经梦想当一名电视台主持人，并且认为只要机遇到了，自己一定能成为出类拔萃的著名主持人。因此，刘洋一直关注各种电视主持人的选拔节目，而且还一边看，一边指指点点，发表自己的“高见”。丈夫有时会嘲笑她：“有本事你也报名参加呀，在家里说的一套一套的，上去说不定连话都说不出来。”刘洋并不在意丈夫说的话，反而说：“以我的实力，我要去参赛肯定是第一名，只是我没有机会参赛罢了！”

刘洋对自己的语言能力非常自信，再加上喜欢表现自己，只要能得到别人的关注，她就兴奋异常、心满意足。丈夫说最害怕的就是和她一起参加活动，原来夫妻俩经常一起参加孩子的家长会，会上老师要求每位家长轮流发言，互相交流，刘洋每次都要抢着发言，而且都是长篇大论，一会儿是她怎么教育孩子，一会儿是现行的教育体制有问题，一会儿又讲她的成长经历，大家听不懂她到底要说什么，但又不好意思打断她，都在下面小声抱怨，弄得丈夫觉得特别尴尬。

4. 做事易冲动

躁狂的另一个特点是思维奔逸，做事冲动，甚至行为失控。这是因为躁狂的人的情绪一直都不太稳定，忽高忽低，忽左忽右，很容易被一点小事激怒，甚至暴跳如雷、歇斯底里。

在这种个性和情绪的影响下，躁狂的人做事非常不冷静，缺乏周密的考量和计划，一冲动起来就不假思索地付诸行动，什么事情都敢想敢做，从不计后果。行动成功了，就沾沾自喜，庆幸自己的决策英明；失败了也不会反省，因为在他们的意识里没有失败这个概念，最多也就是失误而已。

刘洋说自己想做一件事情，一般不会考虑后果是什么，不是觉得考虑后果太麻烦，而是脑子根本就不会去想，就是凭着一股热情和冲动去做，这种情况经常会发生。比如，她想换一套地理位置好的大房子，其实这仅仅是个愿望，根本没有能力去实现，但她经常拉着丈夫去逛房展会，一旦有相中的房子就立刻要下定金买下来，丈夫问她哪有钱买？她就坚信“车到山前必有路”，大不了把现在住的房子卖了，再借点钱或贷点款，总会有办法的。丈夫知道她又犯冲动的毛病了，赶紧拉着她就走。

刘洋最大的一次冲动是为了下海经商辞掉了稳定的工作。那是她的第一份工作，当年高中毕业后，她就到电信局做前台收费员，那个年代算是个不错的工作，只是工作辛苦一点。后来，她的一个小学同学开办了一家电脑公司，邀请她一起创业，给她一个业务经理的职位。刘洋一听可以做经理，一激动，没跟任何人商量就把工作给辞了，家人都说她太冲动草率，完全可以保留本职工作，业余时间给同学帮帮忙，看看公司的发展情况后再作辞职决定也不迟的，刘洋根本听不进去，结果她“光鲜”了不到半年，公司就倒闭了。

知识驿站

躁狂者的冲动有时也能制造“奇迹”，正是由于他们超乎寻常的忘乎所以，有时意志力和行动力都会高度爆发，能做到常人做不到的事情，制造出“奇迹”让人刮目相看。很少有人能理解这是为什么。

其实，躁狂发作时，人会产生一种强烈的超越欲望和能力，往往能超越性地发挥和完成正常情况下做不到的事情。荷兰著名画家凡·高就是一个典型的躁狂症患者，他一生创作了无数的经典画作，其中《向日葵》就是他在躁狂发作期创作的不朽之作。美国著名小说家、诺贝尔文学奖获得者海明威是一个严重的躁狂抑郁症患者，最终以自杀结束了自己的生命，他的一生虽然坎坷，但也成就斐然。还有费雯丽、舒曼等名人，都曾经被躁狂症纠缠，而正是因为这种疾病，才让他们的作品成为惊世之作，这一点是许多精神医学专家们的共同看法。

你可知道？躁狂从何而来？

1. 生物遗传

每个人都无一例外地遗传了祖先的生物特性，这是我们无法回避和选择的。虽然心理学、生理遗传等相关科学，还没有准确的实验数据证实躁狂与遗传有关，但大量的统计数据表明，躁狂与父母或上代直系亲属的同类症状，有着高度的相似性和一致性，这就说明了躁狂有着遗传的可能性。

从心理咨询的实践来看，也能发现几乎所有躁郁躁狂症（包括轻躁）患者的上代直系亲属，或多或少、或轻或重都出现过同类型症状，只是程度不同而已。有的可能抑郁的成分多一点，有的可能躁狂的成分多一点，但性质上属于同一个大类。

刘洋的父亲是个非常有特点的人，精力十分充沛，只要眼前有外人，他就格外来精神，但在家人面前就像变了一个人，既没有激情，也没有热情，只会和家人抱怨“自己那么优秀，却怀才不遇”等。其实，家人都知道他除了说大话，没有别的本事，但他非常自负，发自内心地认为自己是无所不能的人，只是没有条件和机会去实现那些理想，经常说得家人既反感又无奈。

在刘洋眼中，父亲是个疲于奔命的人，整天不知道为了什么而忙碌，心静对他来说就是奢侈和不可想象的事情。刘洋的母亲经常说他心理有问题，因此他对“心理问题”这几个字有着强烈的排斥感，只要别人一提起来，就会生气地掉头就走。

刘洋和父亲感情一般，她非常反感父亲张扬疯癫的性格。她说，父亲情绪高昂的时候，简直就是疯狂状态，旁若无人地说唱就唱、说跳就跳，说打就打、说闹就闹，根本没个长者的样子。刘洋虽然理解父亲的心境，却不能接受父亲的这种状态，所以她不愿意和父亲共同面对外人，更不愿看到父亲在外人面前的轻佻举止。其实，刘洋的父亲就是轻躁张扬的个性，而且刘洋完全遗传了父亲的个性，但她对自己的问题不自知，反而还反感父亲的夸张行为。

2. 负性生活事件

重大的负性生活事件，如重大的自然灾难、亲人的突然故去等严重的应激事件，都可以给人造成重大的应激性的心理或精神创伤。对心理素质和心理承受能力比较弱的人来说，很有可能出现一系列的情绪情感或精神心理反应，严重的甚至会导致各类神经症、心理障碍或精神疾病的发生。

49岁的艾漫早年就跟丈夫离婚了，独自一人带大儿子，好不容易盼到儿子长大成人、结婚成家，刚结婚的儿子却因车祸去世了。这一场突如其来的灾难，把成为“失独”一族的艾漫彻底击倒了，整个人处于崩溃的边缘。

虽然经过单位同事、亲朋好友的极力安抚与陪伴，艾漫已经从最难的时期走了过来，接受了儿子离去的事实，但心理和精神层面还是出现了问题：一是严重的抑郁倾向，完全不出家门，不和人交流；二是轻度躁狂，一见到熟人就“热情高涨”，侃侃而谈，说个没完。

3. 循环型人格

心理学研究已经证实：心理和精神层面的很多问题，与不同的人格类型有着极其密切的关系。人格是指一个人在社会环境作用下表现出的一种独特的行为模式、思想模式和情绪反应特征，也就是我们通常所说的个性，它是个体在先天生理素质基础上，在一定社会历史条件下，通过社会交往而逐渐形成和发展起来的个人稳定的心理特征总和。

人格有很多种类型，分类标准也因学派不同而不尽相同，大致有生理心理分类、特质分类、精神分析分类、现象学分类等，而和躁狂有着高度相似性的就是循环型人格。循环型人格是一种以情绪变化为主要特征的人格障碍，也称为情绪易变型人格障碍，这类人的心理行为表现是：常常无缘无故地喜悦或悲伤，往往历时几小时或几天；情绪发生时自己往往意识不到，也不能自控，情绪的发泄只是一种释放作用。由于情绪的变化总是反复出现，所以称之为循环型人格障碍。

循环型人格有三个主要特征：

一是情绪高涨。激情澎湃的时候，动作明显增多、加快，仿佛有使不完的劲儿，浑身都是力量；对自己的能力评价过高，对周围环境的困难估计过低，仿佛自己能主宰一切；雄心勃勃，喜欢交际，常做有头无尾的事，有明显的狂躁表现。

二是情绪低落。情绪低落的时候，动作明显迟缓凝重，愁眉苦脸，沉默寡言，逆来顺受；对自己的能力估计过低，对周围环境的困难估计过高，对自己丧失信心；总是内疚和自责，对一切都不感兴趣，有明显的抑郁表现。

三是情绪不稳定。情绪高涨与情绪低落反复交替出现，时而积极，时而消极；时而热情，时而冷漠，态度忽冷忽热。

可见，循环型人格的特征与躁狂的症状有着高度的相似性，这就说明人格类型与心理、精神层面有着一定的关联性。

你能做到！拨开那朵躁狂之云

很多人不提倡对轻躁张扬的个性采取措施，因为轻躁让人有状态极佳的感觉，可以使人拥有强烈的进取心和开拓意识，各种能力的体现也比正常人或正常情况下强烈得多，各种行为和社会功能也不受影响。所以，很多心理专家建议对轻躁张扬的个性采取包容的态度，不必严阵以待。

但是，有两点不容忽视：一是轻躁容易转为中、重度躁狂，一旦成为躁狂症，就将是终生的精神疾患；二是轻躁对当事人来说也不总是好的感受，如冲动、难以抑制的狂躁、奔逸的思维和浮躁不稳的情绪状态等，都会令当事人痛苦不堪，因此，对轻躁加以自我调整、自我疏导还是很有必要的。

1. 控制思维速度

躁狂的突出特点是思维奔逸，思维速度超过正常人的两倍，而且浮想联翩，注意力不集中。这些特点主要是由于大脑神经元的基因特点和分子结构与正常人有所不同，中枢神经介质的功能及代谢偏离正常，中枢神经去甲肾上腺素系统功能紊乱造成的，但不能算是严格意义上的机能变异，只能算是脑神经系统神经元分子的结构性差异，当然这是生化意义上的差异，改变起来有很大的难度。有些药物如氯丙嗪、氟哌啶醇、氯氮平等，可以改善去甲肾上腺素在神经元内的贮存、降解和代谢，但对神经、消化道、心血管、内分泌，甚至是造血等功能的影响也是巨大的，所以对轻躁的人来说，不主张药物治疗，而是提倡用物理方法缓解症状，也就是反向来控制思维速度，降低联想程度，提高注意能力。

控制思维速度，降低联想程度，提高注意能力就是有意识地延长对一个问题的思考时间，尽量把思维固定在一个问题上，这对躁狂的人来讲有一定的难度，但并不是绝对做不到的，只是一种思维习惯问题。一开始有意识地控制思维，会感觉到奔逸发散的习惯性思维、稳定固着的故意性思维这两种思维模式会有明显的冲突，尤其是在与人交流的时候这两种思维模式会交替出现。在冲突中取胜的关键在于自己的主观意识，只要努力“驱赶”跳跃飘忽的习惯性思维，把自己的意识牢牢地拴在一个问题上，奔逸发散的思维就会受到削弱和遏制，经过长期训练就会养成稳定固着的思维习惯。

刘洋走路很有特点，名副其实的风风火火，既飘忽又轻浮，像是运动员在竞走。她还有一个突出的特点就是从来不等对方把话说完，不管和谁交流，她得自己先把话说完，而且她说完了就算“完成任务”了，对方要说什么都不重要，她最多能听上两句，经常是人家第三句刚出口，她就发问新的问题，让人觉得不被尊重。

刘洋运用“控制思维，降低联想，提高注意力”的方法很有成效，尤其是在别人说第三句话的时候，她就有意识地集中注意力，控制自己的思维固着在别人说话的内容上。一开始觉得很别扭，也很费力，因为思路总是不由自主地往别处跑，她必须用很强的克制力才能束缚自己的思路，但时间长了，建立起了新的思维模式，也就能不知不觉地控制住自己跳跃的习惯性思维了。

2. 多想少做

改掉只做不想或“做多想少”的毛病，养成多想少做的习惯。躁狂的最大的问题是行为鲁莽，做事不计后果，正常人很难理解他们的行为方式，再大的事情他们也敢做，再大的钱他们也敢花，其实他们根本不具备做大事、花大钱的能力和条件，但在他们眼里能力和条件是多余的，他们只管做，不管有没有能力和条件。躁狂的人脑子里只装着成功，不存在失败。他们看上去不畏惧困难，其实是他们根本就想不到困难，是预见能力不足的表现。多数情况下，他们的鲁莽和不计后果会失败，造成的后果往往是巨大的和不可挽回的，这是躁狂个性的最致命弱点。

多想少做，这对躁狂者来说也是一种挑战，因为和他们“多做少想”的习惯做法完全相反。不过，习惯是被养成的，我们也可以通过有意识的训练，再养成其他好习惯，以替代过去的坏习惯，这并不是做不到的事情，只有“想做”与“不想做”而已，在毅力上多下点功夫就能做到。遇到事情不管内心有多么冲动，首先要先控制住自己的行为，不说也不做，等过了这段冲动期，经过仔细考虑后，再采取行动。

3. 学会低调

躁狂的一大特点就是喜欢人多，人一多就开始浮躁，手舞足蹈、话多冲动，因此就要学会低调，也就是要收住心，管好脑，封住自己的手、嘴、脚。

收住心是指让自己平静下来，抑制住高涨浮躁的情绪，可以配合深呼吸来调整心态，平抑心境。管好脑是指像拉住马缰绳一样，把自己的思维牢牢地拽住，不让它到处游荡，而是固定在一个事件或一个谈话对象上，努力做到不分神，注意力高度集中。封住自己的手、嘴、脚是指尽量不让自己的肢体语言过分丰富，努力做到不比划、不走动，少说话、小声说话。

其实，做到以上三点并不困难，难的是找到三者最佳的结合点，也就是既不能把自己约束得像根木头，又不能放任自己的躁狂张扬状态。如何恰当地把握尺度、找准最佳方式，是需要每个躁狂的人自己去实践、摸索的，只有适合自己的，才是最有效的。

刘洋在控制思维速度、多想少做、学会低调三种做法的基础上，建立了一套适合自己的控制轻躁张扬的方法——多听少说，做事三思而后行。这听起来很简单，却是她原来绝对做不到的事。

通过不断的训练和调整，现在的刘洋大变样了，躁狂的状态明显减轻，没了那种躁动的心态，人显得很平和、很稳健，也很正常，家人、同事也跟着轻松了许多。

专家寄语

张扬的个性与秀外慧中、温柔内敛的东方审美标准大相径庭，如果女性身上具有了躁狂的特征，无疑就会给其带来诸多的烦恼和压力。躁狂并不可怕，通过有意识的调整是能够控制和解决的。要牢记：生活不是舞台，即便是演员，表演也只是在舞台上，一旦回到生活中，演员也需要一个平和、稳定的生活状态，何况我们都只是普通人呢？

减压

第七课 拨开固执之云

你是不是这样的女子？

1. 总觉得自己的意见是对的。
2. 很难改变主意，除非有说动自己的理由。
3. 明知这样做不对，但还是改不了习惯。
4. 只要是反对自己的声音，一概不想接受。
5. 即便别人苦口婆心地好言相劝，也改变不了自己的小主意。
6. 视赞美为朋友，视批评为敌人。
7. 撞了南墙也不回头，见了棺材也不落泪。
8. 有叛逆和逆反心理。
9. 表面接受建议，背后我行我素。
10. 态度认真，不苟言笑，不擅幽默。

每一个人的性格中都存在着固执，有些人随时都能表现出固执这种特性，有些人只是偶尔才会表现出来。

过于固执的人，目空一切，唯我独尊，毫不虚心，总以为自己是正确的，往往把自己看成天才，把别人看得迂腐蠢笨，喜欢居高临下地看待别人。

固执程度较轻的人似乎与主观自恃不沾边，虽然也喜欢卖弄自我，以自己之长比别人之短，但由于他们很少表现出这种特性，在表现自我的时候仅仅处于潜意识层面，甚至连他们自己都觉察不到，便被清醒的、习惯化了的遵从意识取代了。

不固执的人不会带着强烈的自我意识和别人交往，比较懂得谦虚礼让，在与人产生分歧的时候善于迂回，既让自己赢得尊严，又不给对方造成尴尬，因此很受欢迎。

我们应该学会调整和控制自己个性中的固执成分，令其由强到弱，由大变小，成为可控的变量。人没有自我的执守不行，但过分执拗也不行，我们要成为既有自己的个性，又善于听取别人意见的人，这也是健康心理和行为的基本标准。

你要警惕！固执是什么？

固执也就是我们常说的自以为是，它存在于每个人的性格特质当中，只是强弱程度不同而已。自以为是的危害很大，直接影响着人与人之间的交往，既容易得罪别人，也容易伤害自己。因为固执己见、不听人劝，很多事情就会将错就错，或者一错再错，甚至是错上加错，这给自己和他人带来的负面影响有时是无法估量的。

女性群体当中特别固执的人不是很多，这与女性在社会和家庭生活中的传统地位以及女性的生理心理特点有关。在以男性为主导的传统社会中，即便女性在抚育子女和赡养老人等家庭生活方面处于主导地位，付出了很大精力，但真正起意识主导作用的往往还是男性，女性的从属地位和意识比较明显，这是个普遍现象。男人的故步自封和以自我为中心会给家人带来巨大的烦恼，而固执的女性不仅会给家人带来麻烦，更会被孤立于女性群体之外。作为喜欢“扎堆”的女性来说，一旦被同伴边缘化、孤立化，就有可能引发一系列的心理问题。

1. 心胸狭隘

固执的人一般都心胸狭隘，无法接受别人的意见和建议，只对自己的想法抱有热情，具有突出自我、满足自我和享受自我的心理特征。这种心理在某种程度上是可以理解的，但前提是不能脱离客观实际。当客观事物不能满足自我需求的时候，固执的人往往表现出对客观事物的不满、对外界的排斥和否定。

由于过分相信、看重和依赖自我，当自己做了一点点有益的事，或取得一点点成绩的时候，固执的人就会沾沾自喜，到处表功，唯恐他人不知道自己的能力。但是，对别人取得的成绩或荣誉，固执的人却时常表现出不屑、否定与排斥。有的人甚至会有很强的嫉妒心，感到紧张、焦虑和不安，不是寻衅挑刺儿、公开地抱怨和指责别人，就是在背后说风凉话。

固执的人一般不能正确、客观地分析形势，总是脱离实际地与人争辩和敌对，对不同的意见容易从个人感情出发，固执地追求个人不合理的权利或利益，主观片面性很强。

今年40岁的薇薇，主动炒了原国企单位的“鱿鱼”，把档案扔到人才交流中心，给自己办了个下岗。薇薇高中毕业后就在这家国企当工人，刚参加工作那几年，表现很突出，再加上人又活泛，脑袋好使，领导和同事都格外喜欢她，在工作生活各方面上非常关照她，但她却经常因为自以为是闹笑话。

有一次年终评先进，一个车间只有一个名额，车间领导发话要在新人里面选拔先进，特别是那些吃苦耐劳、任劳任怨、勤奋好学的年轻人。薇薇认为自己完全符合领导说的条件，自己肯定是先进，结果，评出来的先进是她的一位师兄。薇薇很失望，她想不通为什么不是自己，自己比师兄优秀，论技术，自己曾荣获厂里的技术能手；论吃苦，自己经常加班干活，怎么先进就成了别人的呢？

思想不通，心情自然就沮丧。薇薇开始在工作中消极怠工，故意刁难师兄，什么活都推给他：“谁让你是先进呢？这活全是你的！”师兄能够理解薇薇的情绪，主动找机会和她沟通交流，劝她别把先进当回事，自己确实有好多方面比不上她，要让他选的话，肯定首推薇薇当先进。师兄的低姿态让薇薇找回了一些自尊，满足了她的虚荣心，工作态度才开始好转了。

2. 刚愎自用

固执的人普遍存在着刚愎自用的问题，对自己的能力过分自信，不尊重别人的意见，不善于对自己的决定进行客观评价和反复确认。这是因为固执的人为了“战胜”他人的意见，赢得自己的意见或决定的胜利，总是急于跳过对事件或意见的讨论、推敲、确认过程，想要一步就实现自己的想法。

其实，固执的人明白一旦进行反复的讨论、推敲，自己的意见或决定就有可能被否定，这是他们无法接受的。因此，固执的人的习惯性做法就是不容商量，马上付诸行动，刚愎自用、独断专行就成了他们的典型特点。

薇薇后来从车间调到了供销科，有一次采购原材料时，因为疏忽大意，过于自信，差点儿给企业造成重大损失。那时，薇薇在外地联系到一家供货厂并决定采购，到了最终汇款环节时，财务跟她要供货厂的账号，她想起和领导去供货厂考察时，对方曾在自己的记事本最后一页写了账号，于是就直接把那个账号告诉了会计，会计劝她最好打个电话落实一下，别弄错了。薇薇拍着胸脯保证："绝对不会错！我办事你放心，出了错全是我的。"

会计在薇薇确认无误的情况下，把数万元货款汇到了她提供的账号上。半个月过去了，供货厂说还是没有收到货款，并主动提供账号进行核对，结果薇薇给的根本不是对方的账号。单位紧急调查后发现，货款汇入了薇薇联系的另一家原料生产厂，虽然货款被退回，但薇薇却在单位经历了信用危机。

其实，薇薇也一直想不通那个账号怎么会是另一家工厂的，当时确实是供货厂的赵某亲手写在记事本上的，自己绝对不会记错，一定是赵某写错了账号。为了证明自己的清白，薇薇决定去供货厂对质。准备出发的时候，薇薇在一个行李包里发现了一个新的记事本，翻开一看，第一页上就清清楚楚地写着这家供货厂的单位名称、地址、账号和联系电话。原来，薇薇去这家供货厂考察时没带常用的记事本，就买了一个新的记事本，让人家把账号写到上面了。但是，考察回来以后，她就忘了这件事，总是自以为记性很好，从来不仔细核查记事本上的信息，导致这次把账号张冠李戴了。

3. 不懂装懂

固执的人好大喜功，喜欢自我肯定、自我表彰，总是要在他人面前证明自己具有独特的眼光，拥有高人一等的能力，希望获得他人的肯定，提高自己在他人心目中的地位，因此，对自己不懂的事也会装作很精通，常常用错误而肯定的说辞误导别人，并且从不认错。

固执的人从来不肯向别人学习，在他们的意识里，只要听从他人的意见或学习他人的长处，就是对自己的全盘否定。即便别人讨论自己完全不懂的问题，固执的人也会用“对”或“是”来做回应，以自己是“能够解决问题的专家”的高姿态，来肯定对方的观点或说法，而绝不会用谦逊或学习的姿态来提问和交流。

丈夫对薇薇不懂装懂、自以为是的个性很反感，不管什么场合，无论大家谈什么，她都好以“专家”的姿态指手画脚。有的事她略知一二，有的根本就一无所知，但无论知道多少，她都装出一副百事皆通的样子，高谈阔论，处处事事都要显示自己见多识广，知识渊博。就算被告知自己说错了，薇薇也会找各种理由，就是不肯承认自己不懂。

有一次，上初中的儿子问父母，四大文明古国有哪些？薇薇冲口而出：“罗马、希腊、埃及和中国。”丈夫知道薇薇不懂装懂的毛病，便让儿子问老师或同学，薇薇却很坚定地说：“我说的没错，就是这四个。”第二天儿子放学回来，冲着薇薇就不高兴地喊：“妈妈，你说的不对，四大文明古国是古印度、古巴比伦、古埃及和古代中国，没有罗马和希腊。”薇薇不以为然，仍然狡辩：“你们老师知道什么！哪有印度？罗马比印度古老。还有，巴比伦就是希腊，是一个国家的两种叫法，就是一回事。”

4. 好高骛远

固执的人常常怀有不切实际的幻想，喜欢制定“高大上”的目标，并坚信这些目标是一定能够实现的，只是自己想做和不想做的问题。在实现这些目标的过程中，固执的人经常眉毛胡子一把抓，不肯放弃任何一个目标，但由于精力、集中力、执行力等方面都存在弱化的可能，且没有准确、实际的目标和方向，他们往往三心二意，什么都做一点儿，什么都做不完整，还固执地认为自己一定能做到，最终当然是竹篮打水一场空。

人确实应该对自己的奋斗目标矢志不移、坚定信念，但关键是目标的制定不能太随意，不能不负责任地想干什么就干什么。如果把自己不熟悉的东西或毫无理由的想象当作目标，随意付诸行动，那就必然导致失败。

雨洁的工作单位离家很近，丈夫上下班坐单位班车，家里根本不需要买车，但她看周围同事亲友都有车了，也心血来潮想买车。然而，雨洁没有驾照，于是赶紧报名去学车，车还没开始学呢，就跑到车市去看车，只看了两个车型，就定下来要买一款40多万元的进口车。其实，雨洁家的经济条件很一般，最多也就能买辆10多万元的国产车，但是雨洁认为以自己的能力，钱可以很快就赚来，于是不顾丈夫反对，自己贷款购买了车。

丈夫觉得雨洁总是干这种心中没数的事，还怎么都不听劝，拦都拦不住她的冲动。一开始，丈夫就提议考上驾照以后再买车，而雨洁坚持立刻买，说考驾照很容易，一个月就能拿到手，到时候也刚好是提车时间。然而，对自己“车感”自信满满的雨洁，连续考了4次路考都没过，贷款买的车闲置了一年后，她才终于拿到了驾照。

拿到驾照的第一天，雨洁不听大家找陪练的建议，认为自己考了4次路考，已经很有经验了，就兴奋地自己开着爱车上路了。结果，才出门就把小区门口的水泥柱子给撞断了，车头撞得很严重，好在人没事。修好没两天，自己又开车出去跟人家追尾了，不仅自己得修车，还得给人家修车。半年的时间，雨洁坚信多自己上路，才能上手很快的说法，自己驾车出了车祸四五次，花钱无数，最后丈夫也去考了驾照，提出给她当司机，才结束这种车祸连连的生活。

你可知道？固执从何而来？

1. 个体性格缺陷

性格是一个人习惯化了的行为方式，也就是人一贯的行为方式和为人处世比较稳定一致的态度特征。不管一个人的身份、职业、年龄如何，都会有一些相对固化了的行为规律和态度、意志、情绪、理智等方面的特征，这些规律和特征是有别于他人的，能够彰显自己的特点，这就是一个人的性格。

性格多半是后天形成的，带有明显的社会属性和道德评价意义，但也存在着遗传等生物学因素，所以，我们无法明确地说一个人的性格是好还是坏，但有些人的性格是具有一定优势的。

性格问题和心理问题有着十分密切的关系，性格往往是心理变化的动力基础，不同的性格会产生不同的心理倾向。人与人之间的性格差异很大，有的人个性中庸，性格和善，处事圆滑，为人厚道，这种人往往通情达理，宽宏仁慈，善于与人相处，有较好的人际关系和口碑评价；有的人个性耿直，坦诚率真，光明磊落，表里如一，这种人从来不隐瞒自己的观点，但也从来不顾及别人的感受，比较自我；有的人性格细腻，谨小慎微，优柔寡断，这种人无论干什么都考虑得很周全，大小事情都谨慎处理，生怕有什么过失给自己带来麻烦，但往往由于过于谨慎而失掉很多机会；还有的人我行我素，刚愎自用，傲慢自持，唯我独尊，这种人就是我们所说的固执的人。

固执的人大多比较自以为是，喜欢独来独往，有趣的是他们一般都比较聪慧，有较高的智商和艺术天分，单打独拼的能力比较强，但往往不善与人交往，不会处理人际关系。

薇薇从小就要强，毫不服输，她总说除非自己的生命走到尽头，否则只要活着，就不会服输，而且没有这种信念，自己就不会撑到今天。丈夫说她这种倔强要强，透着股狠劲儿的性格极其不健康，应该有意识地改正。薇薇觉得要求改正性格是强人所难，自己也不是不想改，但性格哪是说改就能改的事，再伟大的人也都有性格缺陷，更何况自己呢？再说，自己的这种性格，在有些人眼里是缺陷，在另一些人眼里可能还是优点，根本就没必要改。

薇薇固执地认为自己并不是不承认性格存在缺陷，只是能够接受自己，与缺陷“和平共处”。她经常拿原来一个20多岁的同事做例子，那个小伙子性格很软弱，心思细腻，大家都叫他“假娘们儿”，他的妻子不喜欢他这种性格，整天跟他吵闹，最终两人分道扬镳了。结果，现在这“假娘们儿”成了一家外贸公司的老总，手下管理着好几百号人，完全是一个有魄力的“真爷们儿”，

因此，薇薇认为再不健康的性格，也会有发挥作用的时候，顺其自然才会有好的结果；坚持自我，才有可能成就真正的自我。

2. 心理健康程度低下

十全十美的性格和一点心理问题都没有的人是不存在的，只要生活在现实社会中，人就不可能风平浪静，事事遂愿。人生的道路上总会有坎坷、有荆棘，甚至有诸多的困境和灾难，所有这些磨难都会给人的心理带来影响，进而会产生各种各样的心理问题，这是在所难免的。

当然，不同的心理素质会对心理问题有不同的反应，即便是生活在相同环境背景下的人，遇到相同的问题、矛盾、困难或打击的时候，由于心理素质的差异，表现出来的反应是大不相同的，有时差距还会非常大。比如，有的人会因为承受不了某种挫折或打击出现严重的心理问题，甚至精神崩溃，有的人则心理反应很轻，甚至很快就渡过了难关，这也就是我们所说的“心态决定命运”。

一般来说，性格开朗的人的心理相对比较健康，他们产生心理问题的概率比较小，这种人一般都有着积极健康的生活态度，能够适应不同的生活环境，社会适应能力强，容易建立起宽松良好的人际关系，如果具备聪慧敏捷、吃苦耐劳、勤勉务实、坚韧不拔的品质，再遇上良好的发展机会，就很容易取得成绩，许多成功人士都属于这种类型。

相比而言，性格和心理都存在一定问题的人，他们的前途和命运会受到不良影响，生活工作过程中总是充满不顺利。这些人还喜欢怨天尤人，对人、对事，甚至对社会满腹怨言，从不在自己身上找原因，有时还会表现出某种程度的自馁，甚至是颓废。

固执的人听不进别人的意见，情绪不稳定，社会适应性较差，对周围的人、事、物漠不关心，易与人发生摩擦，处理不好人际关系。因此，他们的苦闷烦恼无处排解，全部积聚在内心，从而进一步加重心理不健康的程度。

知识驿站

其实，性格和心理问题与事业的成功、人生的辉煌没有必然的联系，虽然良好的性格和相对健康的心理素质会对人的成长有所帮助，但这只是一个辅助因素，并不是决定因素。

很多性格很好，心理也很健康的人，未必都有辉煌的成就。如果非要剖析他们尚未成功的原因，不排除他们在坚韧性、果敢性、敏锐性，甚至冒险性等方面存在缺陷，当然还有条件、环境、机会等多方面客观因素没有达到预期的高度。

但是，他们的生活、学习、工作未必不幸福、不快乐，虽然无职无权，不当官、不经商，有的甚至还相对贫困，但他们同样享受着健康、和谐、幸福、快乐的人生过程，这才是一个人性格和心理健康的意义和标志。

3. 缺乏自知之明

固执的人往往缺乏自知之明，对自己的评价和认识不够客观，这是因为固执本身就是一种认知缺陷，只承认自己的一种观念或一种思路，屏蔽和拒绝其他人的不同观念或思路。这样一来，固执的人所持有的观念或思路，就没有了可对比性和可参照性，失去了判断自己观点对错的依据。

人的认知习惯是“主观利己，客观排他”的，在主观层面上，会作出有利于自己的假设；在客观层面上，会作出排斥他人的假设。尤其对固执的人来说，“客观排他”更是做到“登峰造极”，在他们的潜意识里，唯有自己的想法是最接近客观现实的。他们就像“盲人摸象”一样，不能说他们的评价或结论都是错误的，但往往是片面的，总以自己的主观感受来评价事物，还固执地认为别人说的都是错的。

薇薇只是个高中毕业生，现在还失业在家，一事无成，但她认为自己是个很精明的人，如今自己的不成功，只是因为运气不好。她总说那些成大事立大业的人，根本不是靠本事、走正道，而是走后门、投机取巧，她坚信以自己的实力，终有一天会取得巨大的成功。

薇薇对自己个性的评价是不张扬也不内向，不偏激、不势利、不服输、不认命，性格是柔中带刚，刚柔相济，只是不能受刺激，否则脾气一上来，就有点专横跋扈。在人际交往方面，不喜欢滥交朋友，只和自己聊得来的人交往。总体来说，自己是个脚踏实地、自强自立的人，只是时运不济，过得不顺。

然而，薇薇的丈夫说她虽然人不坏，但心比天高，手比脚低，就是个女张飞，做事莽撞，从来都不安于现状，不切实际，整天胡思乱想，想一夜暴富，完全没有自知之明，怎么劝说她都听不进去，才导致今天的一事无成。

4. 过度的自我保护

从人的本性来讲，人都有满足、肯定自我和被理解、被尊重的欲望，这是很正常的。但是，人不能只要求客观环境满足自我，客观环境可以满足，也可以否定和排斥一个人的主观要求，这不取决于个人的主观愿望。而固执的人从来不认为自己的主观愿望有什么不妥，如果自己不被客观环境所尊重、理解和接受，那就要与客观环境相对立，抑或脱离客观环境，以寻求自我承认、自我保护。

从人的心理健康角度来讲，越是心理健康的人，就越是会充分地尊重环境，在各种复杂的环境面前，放松自我、展示自我、检验自我、提高自我、完善自我，而且无论放松还是展示，检验还是提高，成长还是完善，他们都有一种坦然的心态。但是，心理不太健康的人无法做到放松、自然地展示自我，更不可能接受检验、完善和提高，因为完善和提高就意味着对自我的否定。固执己见这类心理不太健康的人最难接受的就是对自我的否定，他们会调动一切力量来保护自我，对外界的“挑衅”作出拒绝，从而表现出否定对方、推崇自我的态度。

5. 假性自卑

固执其实也是自卑心理的体现。固执的人容易嫉恨别人，也善于过多、过高地要求别人，从不轻易相信别人善良的动机和愿望，总认为别人心存不良，对他人的过失不能宽容。有人可能会有疑问，固执的人那么傲慢，怎么会自卑呢？

其实，自以为是、自命不凡、过分自负本身就是自卑的表现。自信的人不需要用自视清高、桀骜不驯来表现自我，他们的表达往往是谦逊和淡定，只有自卑的人才不惜用尽一切手段展示自我、表现自我。

自卑心理有两种形式，一种是真性自卑，一种是假性自卑。

真性自卑就是普通意义上内心真实的自卑感受。比如，一个人的长相不好就会自卑，残疾人也会因为身体缺陷而自卑。

假性自卑则是由于主客观认知系统紊乱造成的心态失衡。比如，女性喜欢拿自己的长相和另一个人相比，实际上她自己无法确定到底谁更好看，这时在她的主观层面就会出现评价紊乱，她可能会用肯定自我的态度“战胜对手”，但这种肯定有可能是底气不足的，是建立在“主观利己，客观排他”的非理智层面上的，是对混沌不清的客观事物作出的缺乏信心的主观判断。这时的自信其实是一种保护性的主观自恋，其真实意义就是假性自卑，是由于无法清楚地评价自我，又无法客观地评价现实所表现出的一种防御心理。固执己见、否定他人，对人不信任、不宽容，要求过多、过高，等等，都是假性自卑的表现。

你能做到！拨开那朵固执之云

1. 认知调整

固执的人大都有性格上的偏执，认知也有一定的障碍，不会轻易接受别人的劝解和开导。他们还有一个特点，就是喜欢争论，有较真的冲动。因此，用争论的方式与其进行“较量”，比单纯的开导说教要好得多，如果能在辩论上赢了他们，固执的人才有可能会低头。其实，争论只是手段，通过争论的方式，梳理固执的人的思路，才是最终的目的。

固执己见的人有“欺软怕硬”的特点，在他们面前“服软”的人，都是手下败将，都会被否定、排斥；而敢于跟他们较真的人，会让他们变得“外强中干”。固执的人内心坚硬的堡垒，会在“硬碰硬”的情况下变得相对脆弱，这时正是调整他们认知的最佳时期，其他任何时候他们都不可能打开困惑的闸门，只有在面对高强度的是非争论、激烈的价值观碰撞的时候，他们才或多或少地对自我进行检查和反省。

人的认知调整，必须是在有困惑、有检查、有反思的前提下，才能自然进行的。固执己见这类问题的改善，也必须以认知调整为前提，只有改变了认知，观念才会有所转变。因此，解决固执的第一步是与固执的人争论，第二步是针对其单一的思路和有限的知识这一软肋，进行强有力的抨击，直到其服输服软为止。

2. 增加心理学知识

其实，固执偏执、自以为是的调整是一个很缓慢的过程。固执的人必须在日常工作和生活中慢慢地学习、调整和改变，不能求之过急。

固执的人一般都不爱读书，因为在他们的潜意识里，对外界的信息，哪怕是有益的知识，往往也是主观屏蔽的。他们总是戴着有色眼镜看世界，带着强烈的主观色彩看待各种人、事、物，即便知道别人的意见对自己是有益的，但由于受长期固执习惯的困扰，也很难心悦诚服、敞开心扉地去接受和采纳，好像接受了别人的意见，就降低了自己的人格；采纳了别人的建议，就否定了自己的能力。

要想改变固执的心理，就应该从学习、读书做起，这是因为学习、读书依然是个内向性的活动，主要通过自学来增加相关认识，提高决策水平和能力，而不需要直接向外人学习、求助，这是针对不容易接受他人观点的固执者的最好调整方法。

学习的内容应该先从普通心理学开始，了解自己的心理是否健康，健康的标准是什么，自己的问题是什么；然后再读点人格心理学，进一步了解人格对一个人的影响有哪些，假如自己人格有问题的话，应该从哪些方面入手去解决；最后再读点人际关系学，了解人际关系对一个人工作、家庭生活的重要作用，自己在人际交往关系中存在哪些现实的差距，尤其要学会怎样处理好人际关系。

通过这些知识的补充，固执己见、自以为是的人都会有不同程度的收获和提升，如果在今后的工作、家庭生活中进一步加以运用和实践，改变效果会非常明显。

薇薇通过读书和学习，变化非常明显。最近她开了一家小美容店，生意很不错，她说是心理学知识挽救了她，正是补上心理学这一课，才让她有信心、有能力完成自己想做的事情，否则可能还会半途而废。

其实，固执的人是很值得同情的，这种心态不容易自我察觉，并需要付出艰辛的努力进行自我否定、自我重塑，才能调整到正常的认知状态。

因此，承担着母亲责任的女性，要从小注重对孩子的教育，别让孩子由于教育的缺失误入认知、人格的“迷途”，这样的“知返”是需要付出巨大的心理代价的，有时甚至是一生的幸福。这绝不是危言耸听，而是我们身边一个个鲜活的例证。

专家寄语

固执，实质上就是封闭自己，过度地保护自己，是一种不自信。真正自信的人，善于采纳别人的意见，广集智慧，为己所用，这才是积极、健康、阳光的心态。解决固执，首先就要打开心扉，让知识的阳光照进封闭的内心。对固执己见的人来说，走出向书籍学习的第一步，就迈开了向他人学习的第二步、第三步……

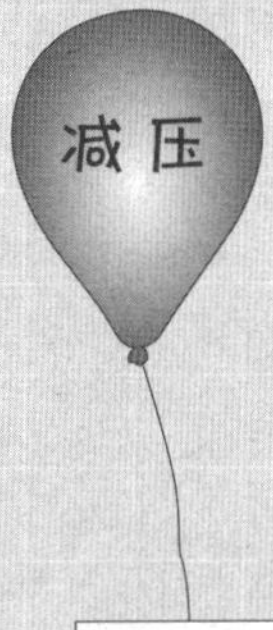

第八课 拨开交往恐惧之云

你是不是这样的女子？

1. 走路喜欢低着头，不愿与人对视。
2. 很少和陌生人说话，更不会主动打招呼。
3. 即便是熟人，也不愿意多聊天。
4. 朋友很少，能说知心话的朋友更少。
5. 喜静不喜动，喜欢一个人在家待着。
6. 不喜欢热闹的场面。
7. 从不主动与人通电话，除非有事情。
8. 拒绝参加各种聚会。
9. 很注重自己在别人心目中的形象。
10. 自幼胆小，胆怯心理严重。

人际交往关系的顺畅与否，是鉴别一个人心理健康程度的重要指标。一个人的能力和价值的体现，很大程度上都要借助于人际交往来实现，但有些人尤其是女性，对人际交往有排斥心理，习惯在自我封闭的小圈子里寻求属于自己的快乐，成为真正的“宅女”。在她们看来，人际交往是多余的，独来独往会更自在。她们不仅不愿意和男性交往，对女性也不愿多交往，总是有种胆怯心理，不愿和陌生人说话。

英国法学家威廉·布莱克斯通说：“人类的产生就是为了社会的交往。”英国唯物主义哲学家培根也说过：“人类在相互的交往中寻求安慰、价值和保护。”交往可以说是人类的本性需求，但为什么还是有那么多的人不喜欢与人交往、沟通呢？

你要警惕！交往恐惧是什么？

交往恐惧就是害怕交往，担心自己在交往的过程中应付不了复杂的局面而造成的恐惧心理。一般人对参加聚会或其他暴露在公共场合的事情，也会感到轻微紧张，但并不会影响到他们正常的思维、行为活动。交往恐惧如果不及时得到重视和干预，就会发展成真正的交往恐惧症，也就是会对聚会等公共场所有无法承受的恐惧，严重的病患甚至会把自己长时间关在家里，孤立自己。

1. 回避与人交往

有交往恐惧的人，对人际交往感到有压力，总是处于人际交往的焦虑状态。因为不擅长交往，恐惧社交，总担心自己做不好事情，害怕自己的言语或行为使别人不高兴，害怕被别人观察，所以常常回避与人交往，不愿参加聚会，见到陌生人会紧张，更不愿多交朋友。对他们来说，交朋友这种持续的交往活动需要自己付出更多的精力，去关注和调整自己与他人的关系，这是一件非常困难，也是非常不情愿的事情。

交往对一般人来说，是很正常的社交活动，没有什么需要特别关注的事情。但是，对有交往恐惧的人来说，交往是一件非常困难，甚至是非常头疼的大事，他们往往对一些不是问题的问题纠缠不清、分辨不明。

第一，不知道见面后应该怎样交谈。自己应该说些什么，哪些话能说，哪些话不能说。

第二，不知道怎么回答别人提出的问题。是应该肯定，还是否定？应该接受，还是拒绝？应该热情，还是应该冷淡？

第三，不知道怎么处理人际关系。是应该主动找别人，还是等着别人来找自己？是应该找一个人聊天吃饭，还是和几个人一起坐坐？

这些让正常人匪夷所思、莫名其妙的问题，往往令有交往恐惧的人心事重重、踌躇不决。为了省事，他们采取了最简单的方法，那就是减少交往、回避交往，以避免因交往不慎给自己带来麻烦。

25岁的琳琳在一家广告公司从事平面设计工作，她从小比较内向，小时候跟大人出去，遇到生人就吓得往大人身后藏，当时年龄小，父母也没太在意，认为小女孩矜持害羞是很正常的事情。上学后，琳琳仍然不太活泼，她的朋友寥寥无几，别的孩子都喜欢成群结队，而琳琳的伙伴只有一个，一旦小伙伴和别人一起玩，她就显得很孤单。

学校老师曾经提醒琳琳的父母，琳琳在集体活动中总是过于内向拘谨，应当注意培养她的交往能力，但是父母一直没当回事。因为琳琳在家里很活泼，所以他们以为琳琳不过是在外人面前羞涩而已，而且琳琳除了不太爱交际以外，其他方面都是不错的，小提琴达到了6级水平，也很有绘画天赋，曾参加过全省的青少年画展，高考时以618分的成绩考取了国内一所知名的艺术院校。

进入大学以后，琳琳仍像孩子一样羞涩，好朋友也只是同宿舍的两个人，就这么一个三人小团队，对琳琳来说，就已经是个大组合了，人再多她就不知道应该怎样应付了。到了大学二年级，同学们都开始忙碌起来，有的为考研做准备，有的忙于谈恋爱，琳琳既不想考研，也不急于谈朋友，两个好朋友先后有了男朋友，她也并不着急，从来不主动接近男生，一直和异性保持着距离。

2. 害怕自己出丑

交往恐惧往往伴随着敏感多疑。有交往恐惧的人总是害怕自己会在别人面前出丑。在参加聚会之前，他们就会感到有压力，特别担心自己在别人面前的表现，一旦置身聚会或活动之中，就会更加不自然，甚至紧张得说不出话来。当聚会或活动结束以后，他们会在脑子里一遍遍地重温刚才的镜头，回顾自己是如何处理每一个细节的，有没有出丑的地方，哪一点没做好，哪个动作会影响别人对自己的看法，自己哪句话说的不合适，等等。

其实，害怕自己出丑的心态是由于青少年儿童时期的心理与行为的不同步造成的。人最初的交往是从少年儿童时期开始的，那个时候孩子们的交往就出现了不同的征象。家长、老师等成年人习惯用内向、外向来区分这些不同的征象，比如，外向的孩子愿意和其他孩子在一起玩，而且玩得很开心；内向的孩子就比较木讷，不愿和其他孩子一起玩，玩得也不开心。其实，这并不是简单的性格内向、外向的问题，而是在交往过程中表现出来的交往能力和心理健康的问题。

作为孩子们来讲，他们的交往行为是无意识的，只会感受到自己喜不喜欢其他孩子，愿不愿意和其他孩子一起玩这种基本的心理反应，不可能区分自己的交往心理与其他孩子的不同，更不可能判断自己的交往关系和心理健康正常与否。久而久之，那些所谓的“内向”的孩子们就不和“外向”的孩子们一起玩了，甚至开始疏远“外向”的孩子们，自己跟自己玩。当然，儿童时代的这种封闭和孤立仅仅是暂时的，只要有孩子愿意和他们玩，他们还是很愿意接受的。

到了青少年时期，心理和心智的成熟成长是随着年龄的增长同步进行的。然而，那些“内向”的孩子们已经形成了远离交往的习惯，这种行为和习惯远远落后于他们的心理和心智的成长，也就是说他们具备了交往的意识，但交往的行为却“短板”了，这就会给他们带来一种内心的矛盾和冲突。交往行为是一种能力，是靠平时的锻炼逐步养成的。“内向”的孩子们缺少交往能力的锻炼和培养，但他们的年龄已经到了知羞耻和有自尊的阶段，所以，他们就会对自己不会交往、不敢交往的事实感到自卑。从那时开始，害怕别人笑话自己出丑，担心别人看不起自己的心理就产生了，只不过这种意识对那个时期的孩子来说不可能有所察觉，但作为潜意识，它却客观地生成了，并且一直延续下来。

参加工作之后，琳琳成熟了许多，在单位工作表现不错，人缘也还可以，只要是熟悉的人，琳琳都能说上几句话，但对不熟悉的人，她还是不愿意去接触，大家都觉得她比较内向，怕见生人。但是，琳琳在父母面前非常活泼可爱，回到家里连说话的姿态和声音都和在外面不一样，所以父母从来不认为她性格内向，反而觉得她内外有别，在家里外向，到外面内向，符合他们“女孩在外面要收敛，不能张扬”的要求。然而，这个“内外有别”的性格特点给琳琳的恋爱带来了麻烦。

琳琳第一次相亲时，还没进门就开始紧张，生怕男方看不上自己，坐下以后非常紧张拘束，不敢抬头看男方一眼，也听不进去介绍人说的话，最后只好找了个理由提前告辞了。离开后，琳琳一直回想男方的语气和自己的表现，却什么也记不清楚了。男方和介绍人都以为她不满意，问她对男方什么感觉，她竟然回答说“不知道”，因为她紧张到压根儿就没正眼看人家一眼，别说是感觉了，连点印象都没有。后来琳琳又进行了几次相亲，虽然不像第一次那样不敢看人，但胆怯紧张的心理依然没改变，好不容易相亲成功一次，却又在恋爱中非常被动，不会主动沟通，最长的一次恋爱也只维持了半年，感情之路着实不顺。

3. 自我评价消极

有交往恐惧的人缺乏自信，对自我的评价通常较低，这是因为他们长期脱离群体，相对封闭自己，导致自我感觉不正常、自我认知有偏差，属于被边缘化一族。越是被边缘化，就越感觉被孤立；越是被孤立，就越觉得自己很另类、很不合群，久而久之，就会对自己产生过于消极的评价，会认为自己是个乏味的、不受欢迎的人，并认为别人也会那样想，于是变得过于敏感，更不愿意“打搅”别人。

琳琳从学生时代开始，虽然不知道自己在异性心目中是什么形象，但非常确定自己是绝对没有异性缘的，她并不为此感到失望，甚至还觉得没有异性缘，为自己赢得了自由的空间，而不必为如何相处的问题而烦恼。

大学时候，一个男生写了一封情书塞给了琳琳，当时吓了她一跳，看完信后她像是受了很大的委屈，郁郁寡欢，并且找机会原封不动地把信退了回去。原来，这个男生经常写情书给各种女孩，虽然每次都被拒绝，但他仍然乐此不疲，好像只要是个女生，他就要写情书给人家。琳琳本来就不善于和男孩子沟通，让这么一个口碑不好、做事随意的男生一追求，更是伤害了她的自尊心，她觉得正是自己很差劲，才会招惹来这个男生，自己本来就没异性缘，以后就更会被男生看不起了。从那以后，她见了男生就低头快步走开，好像自己做了亏心事，直到毕业她都很少和男生说过话，提起琳琳的名字，大多数男生都觉得陌生，对她完全没有印象。

4. 过分挑剔他人

有交往恐惧的人还喜欢过分挑剔他人，这是他们在为自己的不善交往找理由、找依据、找借口，即便找这些借口和理由不是为了证明给别人看，也是为了满足自己的心理需求，起到安抚自己的作用。

主观利己是人的本性，交往恐惧的人即便知道自己不善交往，即便有自卑心理，也绝不会从内心深处就彻彻底底地认为自己在交往方面一无是处，因此，他们总是以挑剔的眼光来看待交往，看待他人，把问题推到他人身上。

其实，这种心理就是“乌鸦落在猪身上——只看见别人的黑，看不见自己的黑”。与真的看不见自己的黑的乌鸦相比，有交往恐惧的人能意识到自己的“黑”，但从内心里又不想承认自己“黑”，于是只能睁大眼睛，也去寻找别人身上的“黑”了。

设计是个既枯燥又缺乏正常作息的工作，经常是客户等着要稿子，设计人员就得加班加点，有时甚至一干就是一个通宵。琳琳经常加班到很晚才回家，这对一个女孩子来说是个不小的问题，但她从不计较，在单位赢得了很好的口碑。但是，职场并不是只需要人埋头做事，还要求人具备良好的人际交往能力，而琳琳宁肯多做事、多出力，也不愿意抛头露面、接人待物。她不会处理人际关系，不会与人沟通解决问题，短时间接触还可以，时间长了就会出问题。

琳琳曾跟一个女同事小菲关系很好，两个人是工作搭档，小菲负责文案，琳琳负责设计，刚开始的时候两个人形影不离，连上洗手间都是一起的，但过了一段时间，两人的关系就出了问题。原来，琳琳逐渐发现小菲说话做事很不靠谱，而且爱慕虚荣，不切实际，她本身不善于处理人际关系，对小菲的反感就直接写在脸上，慢慢地，两个人的关系就彻底疏远了。

琳琳承认自己的人际关系不好，不管和谁交往，时间都长不了，还容易成为“敌人”，即便自己没有疏远对方的意思，结果也总是不欢而散，但她认为这并不是自己的过错，对方确实存在着问题，而不是自己无端找茬。

你可知道？交往恐惧从何而来？

1. 内向胆怯的性格

交往恐惧与人的性格有密切的关系。内向型性格的人在人际交往关系上多多少少都存在问题，这是一个普遍的规律。因为内向的人不善言谈，不会表达自身的感情，再加上胆怯的心理，使他们不敢与人主动接近，一想到接近别人就会有自己意想不到、控制不了的状况发生，他们就不愿冒这些风险去与人交往，更不敢面对交往过程中的各种失败和挑战。

内向的人希望生活是平静安稳的，没有波澜对他们是最重要的事。不像外向的人，没有跌宕起伏，没有新鲜感、刺激感，那就不叫生活。外向的人绝不安于枯燥乏味、按部就班、一成不变的生活，他们愿意迎接挑战，面对困难，而内向的人正好相反，他们往往喜欢把自己局限在一个相对安逸舒适的环境里，免遭“骚扰”，免受伤害，久而久之，就产生了害怕与人交往的恐惧心理。

2. 不健康的交往模式

人的交往能力是在成长过程中习得的。幼儿时期的交往是最初的交往尝试，这一时期的交往是极其单一的，是在极为有限的范围内展开的。比如，幼儿园的孩子在一起做游戏，这就是人际交往的最初阶段的最低级形式，这时的交往没有目的性，是自然的不自觉行为。

到了小学阶段，孩子们又有了新的交往形式和个性化需求，在认识上比自然的无目的交往有了更加个性化的要求，而且交往也产生了针对性，开始选择和自己玩得来的且喜欢的小朋友交往，初步尝试建立符合自己要求的小集团、小团队。

青少年时期的人际交往关系进入了一个重要阶段，即进入相对成熟稳定的交往形式，处在这个时期的青少年有模仿成人交往形式的需求，也有了依赖和运用交往的动机和要求，两方面需求能否获得统一，将最终决定一个人的交往能力是否健康。一般情况下，这个时期会产生三种交往模式：

第一种是形式和内容统一的健康型交往模式。即交往的形式从成人的交往模式中借鉴习得，同时又建立起真实可靠的交往对象，两者都符合了交往的规律和需求。这是最健康的交往关系，也是良好交往能力的体现。

第二种是只模仿了成人的交往形式，而没有建立起健康正常的交往内容的问题型交往模式。比如，问题少年建立起的暴力社团，只是模仿了成年人的交往形式，但其交往基本是些不成熟、不健康的内容，这些人长大后交往关系会固化在不健康的交往形式和内容上，最终形成习惯，不能自拔。

第三种是交往的动机与内容没有问题，但形式却大大落后于成年人的标准，几乎被固着在幼儿时期，也就是喜欢没有任何杂念的、特别单纯的、不需要任何设计的交往关系的不成熟型交往模式。这是心理不成熟的表现，是一种对成长的拒绝。琳琳就属于不成熟型交往模式，不懂得运用社会交往规则进行人际沟通，只和自己喜欢的人交往，排斥陌生人等。

交往关系是心理健康的一项重要指标，不同的年龄会有不同的交往关系和交往方式，因此，一个人的交往方式必须适合自己的生理年龄和心理年龄，否则就会形成不健康的交往模式。例如，几个少年经常聚在一起，吃吃喝喝，谈天说地，这在一些留守儿童或夫妻离异疏于对孩子管教的家庭中非常常见，这些少年就是模仿成年人的交往方式去与伙伴们交流沟通，是典型的问题型交往模式，其行为远远超越了他们的心理年龄，是不符合青少年心理生理规律的，最终会造成严重的心理和社会问题；成年人采用儿童的交往方式与人沟通，也即采用不成熟型交往模式，那么就可以肯定这个成人的心理健康程度不高，无法适应复杂的社会关系，容易产生交往恐惧心理。

3. 内外有别的环境

对儿童的成长来讲，内外环境非常重要。儿童成长过程中的内环境就是家庭环境，外环境则是学校环境。儿童从家庭环境走向学校环境时，有一个心理上的调整和适应过程，这个调整和适应对于有些儿童不是问题，但对于比较内向的儿童可能就是一道坎儿。

上学之前，儿童在家里是以自我为中心的，但进入学校以后，这种以自我为中心的格局被打破，内向的孩子就会产生不适感，出现一些抵触或反感情绪，而这种反感情绪往往会发泄在小伙伴身上，他们误认为是小伙伴抢走了别人对自己的爱和关心，因此会“嫉妒”小伙伴，甚至把小伙伴当成“假想敌”，不愿意和小伙伴一起玩，等等。

此外，内向的孩子在学校的集体环境中，会受到外向孩子的“歧视”或“排斥”，至少是“不受待见”。内向的孩子是搞不清楚自己为什么被排斥的，他们只知道谁对自己好，谁对自己不好，因此，在学校被小朋友们“冷落”以后，他们就会转向家庭寻求爱与关注。与在学校“备受冷落”相比，内向的孩子回到家里完全是另外一个样，在家里能得到充分的爱护、理解和关照，觉得很自在、很轻松、很愉快，也愿意和家人交流。而一到学校，就又回到了不被“爱护”、不被“关照”的环境中，心情会有很大落差，长此以往就形成了家里家外心理感受的失衡，不愿对外交往的基本心态就会初步形成，为以后不愿在外交往，不愿和外人说话埋下了深深的隐患。琳琳小学阶段出现的独处特征，就是在心理成长过程中内外环境失衡造成的。

4. 家庭教育的偏差

家庭的引导和培养对孩子人际交往能力的形成有着重要的影响。一是言传身教的影响，作为孩子的第一任老师，父母怎么做，孩子怎么学，父母的一言一行、一点一滴，孩子都在借鉴和模仿。几乎所有交往能力不强的孩子，其家长或多或少都有交往方面的问题，或者本身就是不擅长人际交往的家长。二是家长对孩子可能出现交往关系问题的警觉不够，关注力度不足，总以自己之心度孩子之腹，认为孩子年龄尚小，或许大了就会变好，没有及时进行调整和引导。

琳琳的父母非常关心她的成长，但由于他们在认知方面存在问题，不了解孩子的心理成长规律，没有在适当的时候对琳琳进行调整和引导，导致她对人际交往充满恐惧。在琳琳小的时候，他们就反复告知她女孩子要内敛，却又不引导她如何与家人之外的人适度相处；当琳琳表现出不善交往的时候，他们也没有给予足够的重视，而是主观地认为她年龄还小，不存在明显的人格与性格方面的缺陷，而且女孩不善交往也不是坏事，长大了就自然会好的，因此错过了最佳的交往模式改善时机。

其实，琳琳在上小学的时候就已经表现出了异常，比如常常喜欢独处，只有一个小伙伴等，老师也曾经提醒琳琳的父母，要注意孩子的交往关系和人际沟通问题。遗憾的是，琳琳的父母没有全面地了解琳琳的问题，只看到了她在家里活泼的一面，没看到或者说不在意她在家外的另一面，误认为琳琳只是过于矜持，而不是交往心理和能力有问题。

其实，人们对很多问题的错误判断是因为缺乏专业知识造成的。孩子的成长不是小事，家长一定不能疏忽大意，更不能以自己之心度孩子之腹，不懂装懂。在当今高度发达的信息社会，想获取相关知识不是一件困难的事情，渠道有很多，学习、了解和掌握各类信息知识非常方便，关键是家长要上心，要善于观察，对孩子出现的各种问题要及时反馈，及时和相关机构和人员联系咨询，千万不能凭自己的认知和经验草率行事。

你能做到！拨开那朵交往恐惧之云

1．敢于面对困难

人都有认识事物的局限性，很多时候我们都是在做错事，做不符合客观规律的事。人在认识世界的过程中都会犯错，谁都抗拒不了，但不能因为可能犯错就惧怕失败、担心失误、回避挑战，这样做的话，等同于放弃了成长的机会和权利。失败、失误、挑战是我们生活中不可或缺的内容，回避这些就等于放弃了生活。孩子可以回避，因为他没有能力承担，成年人不能回避，回避就意味着放弃成长。

有交往恐惧的人很害怕失败，担心出丑，要想解决这个问题就必须进行心态调整，学会面对困难。

首先，要在内心做一个假设：假如自己是一个孩子，那么在面对未曾遇到的事情（困难）时，会是一种什么样的态度？闭上眼睛好好体会，就能知道孩子应该首先是好奇的态度，接着就是想要搞懂它，至少不会置之不理。通过这种假设场景告诉自己：不能见问题就逃避，连像孩子那样想要搞懂的冲动都没有，这不是一个成年人应该有的态度。

其次，要学习面对自己的交往恐惧，经常告诉自己：交往没什么了不起，别人能面对，我为什么就不能？不会我可以学，难道自己连说话的勇气都没有吗？通过长时间的自我暗示与鼓励，建立起基本的交往自信后，就会发现交往没有想象的那么可怕，而是任何一个人都能做到的事。

最后，要敢于面对否定和承认、失败和成功等各种结果，让自己在各种错综复杂的人际关系面前，找到自信、平和、乐观的新感觉。否定和承认、失败和成功都是再正常不过的事了，凡事都有多种结果，如果只想面对一个结果，那就只能回到由父母替自己作出选择的儿童时代。难道现在还需要父母替自己作主吗？难道自己要做依赖父母的“心灵啃老族”吗？真若如此，只能说明自己的智商情商、心理心智又回到了儿童时代，那确实是一件可悲的事情。

2. 善于发现他人的优点

在与别人交往的时候，如果总是注意对方的缺点，总盯着对方的问题，就会让人心生反感。稍微做一下换位思考就能明白这个道理：假如对方总是看自己的缺点，总盯着自己的问题，自己怎么看这个人？喜欢这个人吗？愿意和他交朋友吗？自己的缺点也好，问题也好，是对方紧盯和反感就能改掉的吗？为何不多看看对方的优点呢？一个总能发现你优点的人，你会反感他吗？善于发现别人的优点是一种美德，也是一种能力和习惯，不善交往的人更应该学会这种能力，养成这种习惯。

其实，发现他人优点的方法很简单，只需做到“三多”，即抓住对方的优点多看、多想、多说。多看是要引起自己的重视，时刻提醒自己欣赏和尊重他人；多想是强化这种尊重和欣赏，让自己能充分接受别人，并在这种接受中感到愉悦；多说是最重要的环节，一定要表达出对他人的欣赏，每个人都愿意听好话，都想要得到他人的肯定和赞赏。这“三多”非常重要，是改善交往的润滑剂，只要是发自内心的真诚表达，就能够直接拉近交往双方的距离。

何丽是单位的技术骨干，工作能力很强，但人际关系处理得一团糟，为此她常常苦恼不已。在何丽的潜意识里，自己是非常优秀的，因此总是摆出一副高人一等的架势（尽管她自己意识不到）。她喜欢观察并放大别人的缺点，这种仰视自己、低看他人的态度，严重影响了她的人际交往。

何丽骨子里很清高，喜欢和“冰清玉洁”的人交朋友，只可惜到现在也没遇到一个“冰清玉洁”的人，因此她很排斥和人交往。无论和谁交往，她都觉得没有兴趣，因为总会发现对方有这样那样的问题，而对她来说，和“有问题”的人交往是一件很困难而且没有意义的事。其实，何丽也明白世界上没有完人，但她就是看不惯有缺点的人，宁肯选择独处，也不会和那些存在问题的人深度交往。

后来，何丽学会了“三多”，瞄准别人的优点多看、多想、多说，将自己的注意力从缺点上转移，并逐渐将他人的优点放大，结果奇迹发生了，别人在她眼里忽然都变成了“完美”的人，她自己也能很容易地接受别人了。就这样，何丽的交往恐惧逐渐减轻了，甚至能够主动参与人际交往，与单位同事的关系得到了极大的改善。

---

3. 建立科学的认知模式

人际关系的改善应该从调整认知开始，不是说只强调多交流、多沟通就能解决交往恐惧者的人际关系问题。换句话说，谁都理解多交流、多沟通的重要性，但问题是有交往恐惧的人做不到这两点，甚至改变不了对他人要求过高的主观倾向性问题，这就需要从认知的角度先对主观意识加以约束。要知道太过主观的东西在人际交往关系中是最不受欢迎的，无论本人身份地位如何，都要注重平等，互相尊重。如果把超强的主观意识带入人际交往中，就很难与人正常平等地交往。

认知为行为提供理论依据，行为为认知提供实践结果，认知和行为两者的协调平衡，是克服交往恐惧、走向正常人际交往的关键。

第一，要建立人际交往是以相互尊重、相互理解和相互包容为前提的认知模式。这是交往的原则，任何人都会有性格、情绪抑或态度方面的表达习惯，不能要求所有人都和自己一样，具有完全一致的表达方式。

第二，应当意识到人们常用发泄负性情绪的方法来排解心中的郁闷，以达到自身的心理平衡。这种发泄是短暂的，有时也会是冲动的，但不能因一次冲动的发泄就否定他人的全部。在实际生活中，很多家庭关系就是因为不理解这些负性情绪的性质，才产生了巨大的矛盾和冲突。

琳琳对交往存在着明显的认知问题，在人际交往中，往往表现出比较主观和自以为是的态度。琳琳交朋友的主观愿望是对方必须符合她的价值体系和审美要求，连对方的情绪情感表达方式都必须和自己保持一致。比如，前面所说的小菲喜欢说大话，爱慕虚荣，琳琳可以对此看不惯，或者不接受，但是不能因为小菲的这一个特质不符合自己的要求，就完全否定对方。

其实，每个人的情绪情感特征都有自己的特点，而且情绪情感特征没有绝对的是非标准，不同的表达方式应该既保持各自的独立，又能彼此间互相理解和尊重，这样才能建立起取长补短、优势互补的健康人际关系。

4. 建立科学的行为模式

行为是在认知指导下的执行过程，它分为三个阶段：

第一个阶段是实验阶段，即对认知进行初步实验，以检验自己确立的认知是否正确。比如，先学会欣赏和肯定别人，并积极地予以表达。

第二个阶段是总结阶段，即对第一个阶段的实验进行总结。因为有积极的认知做基础，在实际与人交往和接触的过程中会有很多的体会和感悟，有些是积极的，有些是消极的，积极的感触会对自己形成鼓励，消极的感触则会给自己带来负面影响，对这些问题反复进行分析、总结，就能找到适合自己特点的交往方式。

第三个阶段是稳定阶段，即在完成了前两个阶段以后，养成持续的习惯，最终形成稳定的行为模式。

肖欢离异后独自带着孩子生活，原本就性格内向的她由于婚姻的失败变得更加忧郁，不敢也不愿多和人交流，其实她主要是内心烦闷，不知道该怎样去跟人交流，最后患上了重度抑郁症。后来，在心理专家的帮助下，她的认知开始有了转变，先从与家人的交往中感受自己的存在感和价值感，然后逐渐开始和原来的闺蜜交流，和邻居交流。随着人际交往的增多，肖欢越来越愿意参加更多、更广泛的社交，最终在社区的交谊舞活动中认识了一位离异的中年男子，如今两人已经在幸福地准备结婚了。

肖欢就是通过建立科学的认知和行为模式，在尝试交往的过程中感受到了由不自信到自信，由不敢表达到敢于表达，由不愿和人联络到主动与人联络的转变。其实，尝试一种行为，比想象十种行为更有意义，这也是一种能力的培养和习惯的建立。

而琳琳经过一段时间的调整，现在已经成为我们的编外讲师，担任着我们人际关系改善课程的辅导员，她的现身说法激励了很多有交往恐惧的人，从不善交往变成了阳光、开朗和善于交往的人。琳琳克服交往恐惧后，体会到了人际关系改善的美好，心理变得阳光健康了，这也是她最大、最满意的收获。

交往恐惧是在多年的学习、工作和生活中形成的，因此需要在长期的学习、工作和生活中克服，要有意识地多接触周围的人和事，积极主动地加入群体，参加活动，逐步培养出健康的交往能力和良好的人际关系。人际交往并不难，更不复杂，关键在于意识的转变和方法的选择，同时要敢于突破自我，敢于尝试，只要持之以恒地坚持交往，就一定会有巨大的突破和改善。要相信，付出努力之后是一定会有收获的。

专家寄语

有人把内心比喻成屋子，如果门和窗户不常打开，屋里的空气可想而知，因此通风的意义重大，能够使空气对流更新。同理，人一旦对交往心怀恐惧，封闭了自我，就等于关闭了门窗，这对一个人的身心健康危害极大。学会交往、善于交往、利用交往，是每个人健康生活的基础，我们可以从打开心扉这一课做起，一旦心扉打开，健康的交往就会给我们带来无限的快乐和享受。

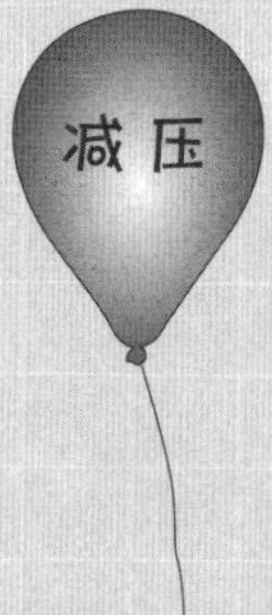

附录 自我测试

测测你的压力状态

1. 心理压力自测量表
2. 抑郁自评量表
3. 焦虑自评量表
4. 人际关系自测量表
5. 婚姻安全界限自测量表
6. 人格测试量表

自我测试 1 心理压力自测量表

下面有 20 道测试题，每题有是、否两种答案，是计 1 分，否计 0 分。将所有分数相加得到总分，对照测试结果分析，即可知道自己处于什么状态。

1. 站立时有头晕感觉。

   A. 是　　B. 否

2. 有口腔溃疡的现象，并且舌苔出现异常现象，如颜色加重、舌苔增厚等。

   A. 是　　B. 否

3. 有耳鸣现象出现。

   A. 是　　B. 否

4. 经常感到喉咙或咽喉疼痛，嗓子干涩不适。

   A. 是　　B. 否

5. 食欲下降，即使很饿或者面对喜欢吃的东西，也提不起胃口，并且进食后有难以消化的感觉。

   A. 是　　B. 否

6. 经常便秘或腹泻，并感觉腹胀、腹痛。

   A. 是　　B. 否

7. 肩膀、脊椎僵硬，并伴有酸痛感觉。

   A. 是　　B. 否

8. 常患伤风感冒等小毛病，并不易痊愈。

   A. 是　　B. 否

9．感觉眼睛肿胀、干涩、易疲劳。

A．是 B．否

10．经常出现手脚冰凉现象。

A．是 B．否

11．出现心慌、心悸等感觉。

A．是 B．否

12．常感觉胸闷气短、胸痛、呼吸困难，甚至有窒息感。

A．是 B．否

13．常有头晕、眼花症状出现，并感觉头部沉重或大脑不清晰。

A．是 B．否

14．体重下降。

A．是 B．否

15．清晨起床困难，常有不愿起床的倦怠感。

A．是 B．否

16．经常感觉疲劳，注意力下降，精神不集中。

A．是 B．否

17．情绪烦躁、暴躁、易怒。

A．是 B．否

18．不愿与人交际，甚至有厌倦感。

A．是 B．否

19．出现鼻塞症状。

A．是 B．否

20．睡眠质量不好，容易做梦，甚至做噩梦；醒来之后不易入睡。

A．是 B．否

计分：将所得分数相加，是计 1 分，否计 0 分。

结果：

1	2	3	4	5	6	7	8	9	10
11	12	13	14	15	16	17	18	19	20

低于 5 分：你承受的压力很小。

6—10 分：属于正常情况，说明压力在你的承受范围之内，没什么大碍。

11—15 分：你的压力较大，已经给身体造成不适感，要及时进行调整。

16—20 分：你的压力太大了，已经处于严重的紧张状态之中，对身体危害极大，必须引起高度的重视，并及时就医。

自我测试2 抑郁自评量表

下面有20条文字，请仔细阅读每一条，然后根据你最近一星期的实际情况，选择相应的答案。

1. 我觉得闷闷不乐，情绪低沉。
   A. 没有或很少有　　B. 小部分时间有
   C. 相当多的时间有　　D. 绝大部分或全部时间有

2. 我觉得一天之中早晨最好。
   A. 没有或很少有　　B. 小部分时间有
   C. 相当多的时间有　　D. 绝大部分或全部时间有

3. 我这一阵总是哭出来或觉得想哭。
   A. 没有或很少有　　B. 小部分时间有
   C. 相当多的时间有　　D. 绝大部分或全部时间有

4. 我晚上睡眠不好。
   A. 没有或很少有　　B. 小部分时间有
   C. 相当多的时间有　　D. 绝大部分或全部时间有

5. 我吃得跟平常一样多。
   A. 没有或很少有　　B. 小部分时间有
   C. 相当多的时间有　　D. 绝大部分或全部时间有

6. 我与异性亲密接触时和以往一样感觉愉快。

A. 没有或很少有　　B. 小部分时间有
C. 相当多的时间有　　D. 绝大部分或全部时间有

7. 我发觉我的体重在下降。

A. 没有或很少有　　B. 小部分时间有
C. 相当多的时间有　　D. 绝大部分或全部时间有

8. 我有便秘的苦恼。

A. 没有或很少有　　B. 小部分时间有
C. 相当多的时间有　　D. 绝大部分或全部时间有

9. 我心跳比平时快。

A. 没有或很少有　　B. 小部分时间有
C. 相当多的时间有　　D. 绝大部分或全部时间有

10. 我无缘无故地感到疲乏。

A. 没有或很少有　　B. 小部分时间有
C. 相当多的时间有　　D. 绝大部分或全部时间有

11. 我的头脑跟平常一样清楚。

A. 没有或很少有　　B. 小部分时间有
C. 相当多的时间有　　D. 绝大部分或全部时间有

12. 我觉得经常做的事情并没有困难。

A. 没有或很少有　　B. 小部分时间有
C. 相当多的时间有　　D. 绝大部分或全部时间有

13. 我觉得不安而平静不下来。

A. 没有或很少有　　B. 小部分时间有
C. 相当多的时间有　　D. 绝大部分或全部时间有

14. 我对将来抱有希望。

A. 没有或很少有　　B. 小部分时间有

C. 相当多的时间有　　D. 绝大部分或全部时间有

15. 我比平常容易生气激动。

A. 没有或很少有　　B. 小部分时间有

C. 相当多的时间有　　D. 绝大部分或全部时间有

16. 我觉得作出决定是容易的。

A. 没有或很少有　　B. 小部分时间有

C. 相当多的时间有　　D. 绝大部分或全部时间有

17. 我觉得自己是个有用的人，有人需要我。

A. 没有或很少有　　B. 小部分时间有

C. 相当多的时间有　　D. 绝大部分或全部时间有

18. 我的生活过得很有意思。

A. 没有或很少有　　B. 小部分时间有

C. 相当多的时间有　　D. 绝大部分或全部时间有

19. 我认为如果我死了，别人会生活得好一些。

A. 没有或很少有　　B. 小部分时间有

C. 相当多的时间有　　D. 绝大部分或全部时间有

20. 平常感兴趣的事，我现在仍然感兴趣。

A. 没有或很少有　　B. 小部分时间有

C. 相当多的时间有　　D. 绝大部分或全部时间有

计分：

正向计分题 A、B、C、D 按 1、2、3、4 分计；

反向计分题按 4、3、2、1 计分，反向计分题号：2、5、6、11、12、14、16、17、18、20。

结果：

1	2	3	4	5	6	7	8	9	10
11	12	13	14	15	16	17	18	19	20

将 20 个项目的各个得分相加，即得到粗分；用粗分乘以 1.25 以后取整数部分，为标准分。分值越小越好，分界值为 50 分。

低于 50 分：无抑郁。

51—60 分：轻微至轻度抑郁。

61—69 分：中至重度抑郁。

70 分以上：重度抑郁。

自我测试 3 焦虑自评量表

焦虑自评量表包括正向评分 15 题，反向评分 5 题共 20 个条目，每条目分 4 级评分，评分需与常模或对照组比较进行分析，主要用于评定焦虑病人的主观感受。

焦虑自评量表有 20 条文字，请仔细阅读每一条，然后根据你最近的实际感觉，选择相应的答案。

在回答时请注意，有的题目的陈述是相反的意思。例如，心情忧郁的人常常感到生活没有意思，但题目中的问题是感觉生活很有意思，那么，评分时应注意得分是相反的。

1．我觉得比平常容易紧张或着急。

A．没有或很少有　　B．有时有

C．大部分时间有　　D．绝大部分时间有

2．我无缘无故地感到害怕。

A．没有或很少有　　B．有时有

C．大部分时间有　　D．绝大部分时间有

3．我容易心里烦乱或觉得惊恐。

A．没有或很少有　　B．有时有

C．大部分时间有　　D．绝大部分时间有

4．我觉得我可能将要发疯。

A．没有或很少有　　B．有时有

C．大部分时间有　　D．绝大部分时间有

5. 我觉得一切都很好，也不会发生什么不幸。

A. 没有或很少有　　B. 有时有

C. 大部分时间有　　D. 绝大部分时间有

6. 我手脚发抖打战。

A. 没有或很少有　　B. 有时有

C. 大部分时间有　　D. 绝大部分时间有

7. 我因为头痛、颈痛和背痛而苦恼。

A. 没有或很少有　　B. 有时有

C. 大部分时间有　　D. 绝大部分时间有

8. 我感觉容易衰弱和疲乏。

A. 没有或很少有　　B. 有时有

C. 大部分时间有　　D. 绝大部分时间有

9. 我觉得心平气和，并且容易安静坐着。

A. 没有或很少有　　B. 有时有

C. 大部分时间有　　D. 绝大部分时间有

10. 我觉得心跳得很快。

A. 没有或很少有　　B. 有时有

C. 大部分时间有　　D. 绝大部分时间有

11. 我因为一阵阵头晕而苦恼。

A. 没有或很少有　　B. 有时有

C. 大部分时间有　　D. 绝大部分时间有

12. 我有晕倒发作，或觉得要晕倒似的。

A. 没有或很少有　　B. 有时有

C. 大部分时间有　　D. 绝大部分时间有

13. 我吸气呼气都感到很容易。

A. 没有或很少有　　B. 有时有
C. 大部分时间有　　D. 绝大部分时间有

14. 我的手脚麻木和刺痛。

A. 没有或很少有　　B. 有时有
C. 大部分时间有　　D. 绝大部分时间有

15. 我因为胃痛和消化不良而苦恼。

A. 没有或很少有　　B. 有时有
C. 大部分时间有　　D. 绝大部分时间有

16. 我常常要小便。

A. 没有或很少有　　B. 有时有
C. 大部分时间有　　D. 绝大部分时间有

17. 我的手脚常常是干燥温暖的。

A. 没有或很少有　　B. 有时有
C. 大部分时间有　　D. 绝大部分时间有

18. 我脸红发热。

A. 没有或很少有　　B. 有时有
C. 大部分时间有　　D. 绝大部分时间有

19. 我容易入睡，并且睡得很好。

A. 没有或很少有　　B. 有时有
C. 大部分时间有　　D. 绝大部分时间有

20. 我做噩梦。

A. 没有或很少有　　B. 有时有
C. 大部分时间有　　D. 绝大部分时间有

计分：

正向计分题 A、B、C、D 按 1、2、3、4 分计；

反向计分题按 4、3、2、1 计分，反向计分题号：5、9、13、17、19。

结果：

1	2	3	4	5	6	7	8	9	10
11	12	13	14	15	16	17	18	19	20

将 20 个项目的各个得分相加，即得到粗分；用粗分乘以 1.25 以后取整数部分，为标准分。分值越小越好，分界值为 50 分。

低于 50 分：无焦虑。

50—59 分：轻度焦虑。

60—69 分：中度焦虑。

70 分以上：重度焦虑。

自我测试 4 人际关系自测量表

人际关系自测量表共 28 个问题，每个问题做“√”或“×”的选择，根据自己的实际情况如实回答，没有对错之分。

1. 关于自己的烦恼有口难言。 （ ）
2. 和陌生人见面感觉不自然。 （ ）
3. 过分地羡慕和妒忌别人。 （ ）
4. 与异性交往太少。 （ ）
5. 对连续不断的会谈感到困难。 （ ）
6. 在社交场合感到紧张。 （ ）
7. 时常伤害别人。 （ ）
8. 与异性来往感觉不自然。 （ ）
9. 与一大群朋友在一起，常感到孤寂或失落。 （ ）
10. 极易受窘。 （ ）
11. 与别人不能和睦相处。 （ ）
12. 不知道与异性相处如何适可而止。 （ ）
13. 当不熟悉的人对自己倾诉他的生平遭遇以求同情时，自己常感到不自在。 （ ）
14. 担心别人对自己有什么坏印象。 （ ）
15. 总是尽力使别人赏识自己。 （ ）
16. 暗自思慕异性。 （ ）
17. 时常避免表达自己的感受。 （ ）
18. 对自己的仪表（容貌）缺乏信心。 （ ）

19. 讨厌某人或被某人讨厌。 (　　)
20. 瞧不起异性。 (　　)
21. 不能专注地倾听。 (　　)
22. 自己的烦恼无人可申诉。 (　　)
23. 受到别人的冷漠对待或排斥。 (　　)
24. 被异性瞧不起。 (　　)
25. 不能广泛地听取各种意见、看法。 (　　)
26. 自己常因受伤害而暗自伤心。 (　　)
27. 常被别人谈论、愚弄。 (　　)
28. 不知道如何与异性更好地相处。 (　　)

计分："√"计1分，"×"计0分。

结果：

1	2	3	4	5	6	7	8	9	10
11	12	13	14	15	16	17	18	19	20
21	22	23	24	25	26	27	28		

0—8分：你与朋友相处得不错，困扰较少，性格较开朗，也能从人际交往中得到许多乐趣。

9—14分：人际关系一般，和朋友的关系时好时坏，经常处在一种起伏波动的状态之中。

15—20分：人际关系较差。

21分以上：人际关系很差，属于不善交往，性格孤僻的人。

自我测试5 婚姻安全界限自测量表

一个健康的婚姻有许多条件，如彼此的需要是否得到满足、是否相互支持和鼓励、是否有良好的沟通、是否有个人的自由、是否符合过去的期望等。本测试可用来帮助人们检测自己的婚姻界限。该测试共由25道题目构成，每道题的后面附有3个被选答案，请对照自己的实际情况，并从中选择一个打上记号。

1. 你们夫妻是否会为了表达心意互送一些小礼物（并非为了特别的原因）？
   A. 是　　B. 有时　　C. 否

2. 当你先生（太太）做了一件令你特别高兴的事，你是否告诉他（她）？
   A. 是　　B. 有时　　C. 否

3. 在你作某些决定以前，是否先考虑其对婚姻的影响？
   A. 是　　B. 有时　　C. 否

4. 你是否努力维系自己的婚姻，如同自己在工作上的专一？
   A. 经常　　B. 有时　　C. 很少

5. 你们夫妻是否一起参加社交或者休闲活动？
   A. 是　　B. 经常　　C. 否

6. 你是否觉得与一些朋友的关系要比自己的婚姻关系更令人满足？
   A. 否　　B. 也许　　C. 是

7. 你是否对这种长期亲密的夫妻关系感到满足？

A. 是　　B. 有时　　C. 否

8. 无论生活是甘是苦，你都会感激你的先生（太太）？

A. 是　　B. 有时　　C. 否

9. 你的家庭幸福是否会受外界事物的影响？

A. 否　　B. 有时　　C. 是

10. 你的先生（太太）也是你的好朋友？

A. 是　　B. 有时　　C. 否

11. 你是否觉得拥有一个爱的伴侣（先生或太太），能使生活过得更有意义？

A. 是　　B. 有时　　C. 否

12. 你们夫妻是否会一起讨论令彼此满意的爱情生活？

A. 是　　B. 有时　　C. 否

13. 当你先生（太太）想和你亲热，但你却不想时，你会顺从吗？

A. 是　　B. 有时　　C. 否

14. 你们夫妻是否能分享彼此的感受？

A. 时常　　B. 有时　　C. 很少

15. 你是否发现每次家庭危机过后，你们夫妻关系更亲密？

A. 是　　B. 也许　　C. 否

16. 你的言行是否易受到别人（家人以外）的影响？

A. 很少　　B. 有时　　C. 经常

17. 你们夫妻是否有相同的感情需求？

A. 经常　　B. 有时　　C. 很少

18．你们夫妻是否会谈论家务以外的事？

A．是　　B．有时　　C．否

19．你是否经常和先生（太太）争执？

A．是　　B．不知道　　C．否

20．你们夫妻是否能很快地解决彼此间的争执？

A．经常　　B．有时　　C．很少

21．你是否常要求先生（太太）顺从自己的意见？

A．很少　　B．有时　　C．经常

22．不管结婚多久，你对未来的生活仍抱着乐观的期望？

A．经常　　B．有时　　C．很少

23．你们夫妻有相同的宗教信仰吗？

A．是　　B．有时　　C．否

24．你是否同意，建立一种良好、稳固的婚姻关系需要费一番工夫？

A．是　　B．有时　　C．否

25．结婚以后，你是否拥有自己的天地，而且可以拟定自己的生活目标？

A．是　　B．视情况而定　　C．否

计分：

A 计 3 分、B 计 2 分、C 计 1 分，累加总分。

结果：

1	2	3	4	5	6	7	8	9	10
11	12	13	14	15	16	17	18	19	20
21	22	23	24	25					

25—42 分：婚姻需要立即投入心力，否则会出现婚姻危机。

43—60 分：婚姻尚佳，但请注意一些可能发生的问题。

61—75 分：婚姻通过安全界限。

自我测试 6 人格测试量表

EPQ－艾森克人格问卷含内外向（E）、神经质（N）、精神质（P）三个分量表和一个效度量表（L）即说谎量表。本问卷共 88 个问题，每个问题做“√”或“×”的选择，根据自己的实际情况如实回答，没有对错之分。

1．你是否有许多不同的业余爱好？（ ）
2．你是否在做任何事情以前都要停下来仔细思考？（ ）
3．你的心境是否常有起伏？（ ）
4．你曾有过明知是别人的功劳而你去接受奖励的事吗？（ ）
5．你是否健谈？（ ）
6．欠债会使你不安吗？（ ）
7．你曾无缘无故觉得“真是难受”吗？（ ）
8．你曾贪图分外之物吗？（ ）
9．你是否在晚上小心翼翼地关好门窗？（ ）
10．你是否比较活跃？（ ）
11．你在见到一小孩或一动物受折磨时，是否会感到非常难过？（ ）
12．你是否常常为自己不该做而做了的事，不该说而说了的话而紧张？（ ）
13．你喜欢跳降落伞吗？（ ）
14．你通常能在热闹的联欢会中尽情地玩吗？（ ）
15．你容易激动吗？（ ）
16．你曾经将自己的过错推给别人吗？（ ）
17．你喜欢会见陌生人吗？（ ）

18．你是否相信保险制度是一种好办法？（ ）

19．你是一个容易伤感情的人吗？（ ）

20．你所有的习惯都是好的吗？（ ）

21．在社交场合你是否总不愿出风头？（ ）

22．你会服用有奇异或危险作用的药物吗？（ ）

23．你常有“厌倦”之感吗？（ ）

24．你曾拿过别人的东西（哪怕一针一线）吗？（ ）

25．你是否常爱外出？（ ）

26．你是否从伤害你所爱的人的行为中得到乐趣？（ ）

27．你常为有罪恶之感所苦恼吗？（ ）

28．你在谈论中是否有时不懂装懂？（ ）

29．你是否宁愿去看书，也不愿去多见人？（ ）

30．你有要伤害你的仇人的想法吗？（ ）

31．你觉得自己是一个神经过敏的人吗？（ ）

32．对人有所失礼时，你是否经常要表示歉意？（ ）

33．你有许多朋友吗？（ ）

34．你是否喜爱讲些有时确能伤害人的笑话？（ ）

35．你是一个多忧多虑的人吗？（ ）

36．你在童年是否按照吩咐要做什么便做什么，毫无怨言？（ ）

37．你认为你是一个乐天派吗？（ ）

38．你很讲究礼貌和整洁吗？（ ）

39．你是否总在担心会发生可怕的事情？（ ）

40．你曾损坏或遗失过别人的东西吗？（ ）

41．交新朋友时一般是你采取主动吗？（ ）

42．当别人向你诉苦时，你是否容易理解他们的苦衷？（ ）

43．你认为自己很紧张，如同“拉紧的弦”一样吗？（ ）

44．在没有废纸篓时，你是否将废纸扔在地板上？（ ）

45．当你与别人在一起时，你是否言语很少？（ ）

46. 你是否认为结婚制度过时了，应该废止？（ ）
47. 你是否有时感到自己可怜？（ ）
48. 你是否有时有点自夸？（ ）
49. 你是否很容易将一个沉寂的集会搞得活跃起来？（ ）
50. 你是否讨厌那种小心翼翼开车的人？（ ）
51. 你为你的健康担忧吗？（ ）
52. 你曾讲过什么人的坏话吗？（ ）
53. 你是否喜欢对朋友讲笑话和有趣的故事？（ ）
54. 你小时候曾对父母粗暴无礼吗？（ ）
55. 你是否喜欢与人混在一起？（ ）
56. 你会因为自己工作出现错误而感到难过吗？（ ）
57. 你患失眠吗？（ ）
58. 你吃饭前必定洗手吗？（ ）
59. 你常无缘无故感到无精打采和倦怠吗？（ ）
60. 和别人玩游戏时，你有过欺骗行为吗？（ ）
61. 你是否喜欢从事一些动作迅速的工作？（ ）
62. 你的母亲是一位善良的妇人吗？（ ）
63. 你是否常常觉得人生非常无味？（ ）
64. 你曾利用过某人为自己取得好处吗？（ ）
65. 你是否常常参加许多活动，超过你的时间所允许的范围？（ ）
66. 是否有几个人总在躲避你？（ ）
67. 你是否为你的容貌而非常烦恼？（ ）
68. 你是否觉得人们为了未来有保障而办理储蓄和保险所花的时间太多？（ ）
69. 你曾有过不如死了为好的愿望吗？（ ）
70. 如果有把握永远不会被别人发现，你会逃税吗？（ ）
71. 你能使一个集会顺利进行吗？（ ）
72. 你能克制自己，不对人无礼吗？（ ）

73. 遇到一次难堪的经历后，你是否在很长一段时间内还感到难受？（　）
74. 你患有神经过敏吗？（　）
75. 你曾经故意说些什么来伤害别人的感情吗？（　）
76. 你与别人的友谊是否容易破裂，虽然不是你的过错？（　）
77. 你常感到孤单吗？（　）
78. 当人家寻你的差错，找你工作中的缺点时，你是否容易在精神上受挫？（　）
79. 你赴约会或上班曾迟到过吗？（　）
80. 你喜欢忙忙碌碌地过日子吗？（　）
81. 你愿意别人怕你吗？（　）
82. 你是否觉得有时浑身是劲，而有时又是懒洋洋的？（　）
83. 你有时把今天应做的事拖到明天去做吗？（　）
84. 别人认为你是生机勃勃的人吗？（　）
85. 别人是否对你说了许多谎话？（　）
86. 你是否容易对某些事物上火？（　）
87. 当你犯了错误时，你是否常常愿意承认它？（　）
88. 你会为一动物落入圈套被捉拿而感到很难过吗？

计分：“√”计 1 分，“×”计 0 分。

结果：

P 量表

2	6	9	11	18	22	26	30	34	38	42	46
50	56	62	66	68	72	75	76	81	85	88	

E 量表

1	5	10	13	14	17	21	25	29	33	37	41
45	49	53	55	61	65	71	80	84			

N 量表

3	7	12	15	19	23	27	31	35	39	43	47
51	57	59	63	67	69	73	74	77	78	82	86

L 量表

4	8	16	20	24	28	32	36	40	44	48	52
54	58	60	64	70	79	83	87				

E 量表的高分表示人格外倾，渴望刺激和冒险，情感易于外露、冲动，喜欢交际，开朗活泼。

N 量表的高分表示焦虑、担忧、郁郁不乐、情绪反应强烈，甚至出现不够理智的行为。

P 量表的高分表示孤独、不关心他人、难以适应外界环境、感觉迟钝、与他人关系不佳、喜欢寻衅闹事等。

L 量表的高分表示有掩饰，也可能较成熟老练，本身代表一种稳定的人格功能。